A TEMPESTADE

Sobre o autor

Shakespeare, William (1564-1616) nasceu e morreu em Stratford, Inglaterra. Poeta e dramaturgo, é considerado um dos mais importantes autores de todos os tempos. Filho de um rico comerciante, desde cedo Shakespeare escrevia poemas. Mais tarde associou-se ao Globe Theatre, onde conheceu a plenitude da glória e do sucesso financeiro. Depois de alcançar o triunfo e a fama, retirou-se para uma luxuosa propriedade em sua cidade natal, onde morreu. Deixou um acervo impressionante, onde destacam-se, clássicos como *Romeu e Julieta, Hamlet, A megera domada, Rei Lear, Macbeth, Otelo, Sonho de uma noite de verão, A tempestade, Ricardo III, Julio César, Muito barulho por nada,* etc.

Obras do autor na Coleção **L&PM** POCKET:

As alegres matronas de Windsor – Trad. de Millôr Fernandes
Antônio e Cleópatra – Trad. de Beatriz Viégas-Faria
A comédia dos erros – Trad. de Beatriz Viégas-Faria
Hamlet – Trad. de Millôr Fernandes
Henrique V – Trad. de Beatriz Viégas-Faria
Júlio César – Trad. de Beatriz Viégas-Faria
Macbeth – Trad. de Beatriz Viégas-Faria
A megera domada – Trad. de Millôr Fernandes
Muito barulho por nada – Trad. de Beatriz Viégas-Faria
Noite de Reis – Trad. de Beatriz Viégas-Faria
Otelo – Trad. de Beatriz Viégas-Faria
O rei Lear – Trad. de Millôr Fernandes
Ricardo III – Trad. de Beatriz Viégas-Faria
Romeu e Julieta – Trad. de Beatriz Viégas-Faria
Shakespeare de A a Z (Livro das citações) – Org. de Sergio Faraco
Sonho de uma noite de verão – Trad. de Beatriz Viégas-Faria
A tempestade – Trad. de Beatriz Viégas-Faria
Trabalhos de amor perdidos – Trad. de Beatriz Viégas-Faria

WILLIAM SHAKESPEARE

A TEMPESTADE

TRADUÇÃO DE BEATRIZ VIÉGAS-FARIA

www.lpm.com.br
L&PM POCKET

Coleção **L&PM** Pocket, vol. 270

Primeira edição na Coleção **L&PM** POCKET: abril de 2002
Esta reimpressão: setembro de 2007

Título original: *The Tempest*
(Edição consultada: The Arden Shakespeare (third series), London: Thomson Learning, 1999.)

Capa: L&PM Editores sobre detalhe da obra de Charles Rolt, *Prospero e Miranda* (Forbes Magazine Collection, New York).
Tradução: Beatriz Viégas-Faria
Revisão: Renato Deitos

ISBN 978-85-254-1115-0

S527t Shakespeare, William, 1564-1616.
A tempestade / William Shakespeare; tradução de Beatriz Viégas-Faria. – Porto Alegre: L&PM, 2007.
120 p. ; 18 cm – (Coleção L&PM Pocket)

1. Teatro inglês clássico-Comédias. I. Título. II. Série.

CDD 822.33Q5-6
CDU 820 Shak.03

Catalogação elaborada por Izabel A. Merlo, CRB 10/329.

Rua Comendador Coruja 314, loja 9 – Floresta – 90220-180
Porto Alegre – RS – Brasil / Fone: 51.3225.5777

Pedidos & Depto. comercial: vendas@lpm.com.br
Fale conosco: info@lpm.com.br
www.lpm.com.br

Impresso no Brasil
Primavera de 2007

PERSONAGENS DA PEÇA

Alonso, Rei de Nápoles

Sebastião, seu irmão

Próspero, o legítimo Duque de Milão

Antônio, seu irmão, o usurpador que se fez Duque de Milão

Ferdinando, filho do Rei de Nápoles

Gonçalo, um Conselheiro antigo e honesto

Adriano, um Lorde

Francisco, um Lorde

Caliban, um Escravo selvagem e deformado

Trínculo, um Bufão

Estéfano, um Despenseiro bêbado

O **Capitão** de um Navio

Contramestre

Marinheiros

Miranda, a filha de Próspero

Ariel, um Espírito etéreo

Íris, um Espírito

Ceres, um Espírito

Juno, um Espírito

Ninfas, que também são Espíritos

Ceifeiros, que também são Espíritos

Cenário: *primeiramente, a bordo de um navio; em seguida, uma ilha deserta.*

PRIMEIRO ATO

CENA I

Ruídos estrondosos de tempestade, com trovões e relâmpagos.

Entra o Capitão do navio e um Contramestre.

CAPITÃO – Contramestre!

CONTRAMESTRE – Estou aqui, Capitão. Como está se sentindo, senhor?

CAPITÃO – Bem. Trata de falar com os marinheiros. Deixa cair a vela, rápido, senão vamos encalhar. Movimenta-te, anda!

[Sai.]

Entram os Marinheiros.

CONTRAMESTRE – Olá, meus amigos! Com ânimo, mais ânimo, meus amigos. Rápido, mais rápido. Recolham a vela de joanete. Fiquem atentos ao apito do Capitão. – Podeis soprar, soprai o vosso vento até vos arrebentardes, se espaço para tanto encontrardes.

Entram Alonso, Sebastião, Antônio, Ferdinando, Gonçalo e outros.

ALONSO – Meu bom Contramestre, toma cuidado. – Onde está o Capitão? – Ajam como homens!

CONTRAMESTRE – Rogo-lhes que permaneçam lá embaixo.

ANTÔNIO – Onde está o Capitão, Contramestre?

CONTRAMESTRE – Os senhores não o estão escutando? Os senhores estão atrapalhando nosso trabalho; voltem para os seus camarotes, e fiquem lá. Assim, os senhores estão ajudando a tempestade.

GONÇALO – Nada disso. Tem paciência, bom homem.

CONTRAMESTRE – Terei paciência quando o mar estiver paciente. Fora daqui! Pouco importa, a esses homens arfando e berrando, o nome do Rei! Aos seus camarotes. E silêncio. Não nos incomodem.

GONÇALO – Muito bem. Mas lembra-te de quem tens a bordo.

CONTRAMESTRE – Ninguém a quem eu ame mais que a mim mesmo. O senhor é um Conselheiro, pois não? Se puder ordenar a estes elementos da Natureza que silenciem, se puder restabelecer a paz neste instante, não mais pegaremos em corda alguma. Use a sua autoridade, senhor. Se não for possível, dê graças por ter vivido vida tão longa e prepare-se, em seu camarote, para a hora do infortúnio, se ela vier. – Ânimo, meus bons amigos! – Fora do nosso caminho, estou repetindo.

[Sai.]

Gonçalo – Consola-me muito esse camarada. Quer me parecer que ele não tem jeito de quem nasceu para morrer afogado; tem cara de quem vai com certeza morrer na forca. – Permanecei firme, bom Fado; levai-o ao cadafalso. Fazei com que a corda do destino dele seja nossas amarras, pois que as nossas próprias de pouco nos servem. Se morrer enforcado não é a sina dele, o nosso é um caso perdido.

[Saem.]

Entra o Contramestre.

Contramestre – Baixem o mastaréu. Depressa, baixem mais, baixem mais. Deixem o navio tentar só com a vela principal. Que uma praga...
Ouve-se um grito vindo de dentro.
Entram Sebastião, Antônio e Gonçalo.
...se lance contra essa gritaria. Eles conseguem berrar mais alto que o temporal, mais alto que as instruções de nosso ofício. Mas... e de novo? – O que fazem os senhores aqui? Devemos parar e afogar-nos? É desejo dos senhores afundar-nos?

Sebastião – Que a sífilis te devore a garganta, seu gritão, seu cachorro blasfemo e intolerante!

Contramestre – Trabalhem os senhores, então.

Antônio – Vai te enforcar, seu vira-lata! Vai te enforcar, filho de uma cadela! Sujeito mais escandaloso e insolente. Tu tens mais medo de morrer afogado do que nós.

Gonçalo – Eu me responsabilizo pessoalmente pelo afogamento dele, embora esta nossa embarcação seja mais frágil que uma casca de noz, e esteja tão arrombada como uma rapariga com fogo nas partes.

Contramestre – Orçar! Proejar! Larguem as duas velas, de volta ao largo, deixem o navio seguir seu curso para o alto-mar.

Entram os Marinheiros, molhados.

Marinheiros – Tá tudo perdido. Vamos rezar, vamos rezar! Tá tudo perdido.

Contramestre – Ora, mas então precisam ficar nossas bocas geladas, nossas gargantas secas?

Gonçalo – O Rei e o Príncipe, em suas orações, vamos assisti-los, pois é como a nossa, a situação deles.

Sebastião – Pois eu perdi a paciência.

Antônio – Nossas vidas estão simplesmente sendo roubadas de nós, e por uns bêbados. Esse esponja desse patife. – Pois eu quero mais é que tu te afogues, e que teu corpo fique boiando por dez marés.

Gonçalo – Ele ainda vai ser enforcado, embora cada gota d'água esconjure contra isso e se arreganhe toda para abocanhá-lo.

Ouve-se, de dentro, uma barulheira confusa.

Que Deus tenha misericórdia de nós: estamos nos partindo ao meio, estamos nos partindo! – Adeus, minha esposa, meus filhos, adeus, meu irmão! É o fim, é o fim, é o fim!

Antônio – Afundemos todos com o Rei.

Sebastião – Vamos dele nos despedir.

[Saem.]

Gonçalo – Agora eu daria mais de cem mil milhas de mar por um acre de deserto, ou de charneca infindável, ou de tojo amarronzado, ou de qualquer coisa. Que a vontade divina seja feita, mas eu ainda teria preferido morrer de morte seca.

[Sai.]

CENA II

A Ilha. Entram Próspero e Miranda.

Miranda – Se através de sua Arte, meu querido e amado pai, o senhor colocou as águas selvagens nesse rugir, abrande-as. O céu, ao que parece, estaria derramando um betume fedorento não fosse o mar, que galopando sobe até a conturbada face do firmamento e a coice termina com o fogo de seus relâmpagos. Ah, sofri eu, meu pai, com aqueles a quem assisti sofrendo: um navio esplêndido (que, sem dúvida, trazia em seu ventre nobre criatura), e arrebentado em pedaços! Ah, os gritos bateram com força no imo do meu coração; pobres almas, sucumbiram. Fosse eu algum deus poderoso e teria feito o mar naufragar na terra primeiro, antes que ele engolisse daquele jeito a bela embarcação e sua carga de almas.

Próspero – Podes agora te recompor, sem mais sustos. Fala com teu coração misericordioso, dizlhe que não houve danos.

Miranda – Quanto infortúnio num só dia!

Próspero – Não houve danos. Tudo o que fiz foi por zelo a ti (a ti, minha querida; tu, minha filha), ignorante como estás de quem tu és, sem nada saber sobre de onde venho, desconhecendo que sou mais do que Próspero, o senhor de uma tão pobre morada. E teu pai, nem melhor nem pior.

Miranda – Saber mais jamais ocupou meus pensamentos.

Próspero – É hora de eu te tornar ciente de certas coisas. Estende-me tua mão e arranca de mim o meu manto mágico. Isso. – Agora, minha Arte, repousa. – E tu, enxuga teus olhos, consola-te. O espetáculo medonho do naufrágio que tocou a própria essência da compaixão em ti, eu o planejei com tal segurança, foi tal a previdência de minha Arte, que não há uma única alma, nem uma, que tenha perdido um fio de cabelo sequer. Nada aconteceu às criaturas daquele navio que tu ouviste gritando, que tu viste naufragando. Senta, pois agora careces de saber mais.

MIRANDA – O senhor muitas vezes começou a me contar quem eu sou, mas interrompia-se, e sempre me deixava entregue a conjeturas vãs ao concluir com um "Espera; ainda não".

PRÓSPERO – Agora é chegado o momento. Agora este minuto pede que abras bem os ouvidos, obedeças e prestes atenção. Consegues lembrar de uma época anterior à nossa chegada a esta humilde moradia? Acho que não tens como, pois naquele tempo ainda não tinhas completado nem três aninhos de idade.

MIRANDA – Mas, com certeza, meu pai, eu lembro.

PRÓSPERO – Lembras mas é por que lembranças? De uma outra casa, de uma outra pessoa? São quais imagens, conta-me, que se guardaram em tua memória?

MIRANDA – São de muito longe; e é mais como um sonho, em vez de uma certeza, o que me garantem minhas recordações: não tinha eu umas quatro ou cinco mulheres tomando conta de mim?

PRÓSPERO – Tinhas, sim, e até mais, Miranda. Mas como é que pode essa lembrança viver ainda em tua mente? O que mais enxergas nesse abismo escuro do Tempo Passado? Se te lembras de algo que é de antes de vires para cá, então podes te lembrar de como vieste para cá.

Miranda – Pois disso eu não lembro.

Próspero – Faz doze anos, Miranda, faz doze anos e teu pai era o Duque de Milão, um Príncipe com muito poder nas mãos.

Miranda – Não é o senhor o meu pai?

Próspero – Tua mãe foi um poço de virtudes, e disse-me ela que tu eras minha filha. Teu pai era o Duque de Milão, e sua única herdeira, uma Princesa, nada menos que uma princesa.

Miranda – Ah, meu Deus do céu. Por que traição fomos atingidos que tivemos de vir embora? Ou foi melhor assim, e tivemos foi sorte?

Próspero – Traição e sorte, minha filha, tanto uma como outra. Foi por uma traição, como dizes, que nos fizeram levantar âncoras de lá, mas por sorte viemos parar aqui.

Miranda – Ai, que meu coração sangra só em pensar nos sofrimentos que infligi ao senhor e dos quais não tenho lembrança. Por favor, meu pai, prossiga.

Próspero – Meu irmão e teu tio, de nome Antônio... Peço-te que prestes atenção, pois que um irmão pode ser a tal ponto pérfido... ele, a quem, depois de ti, minha filha, era a pessoa que eu mais amava neste mundo, tanto que o coloquei a administrar o meu Estado, que àquela época era notoriamente, dentre todos os ducados, o melhor, e Próspero, o mais importante Duque, tal sua reputação de dignidade; e, nas Artes liberais, sem paralelo; nelas tendo depositado todo o meu interesse e dedicação, o governo eu deixei para o meu irmão e de meu Estado fui ficando estrangeiro, arrebatado e absorto que estava em estudos secretos, teu falso tio... Estás me ouvindo no que estou te dizendo?

Miranda – Com toda a atenção, meu pai.

Próspero – Tendo se aprimorado no ofício de garantir favores e negar pedidos, de saber a quem se deve promover e a quem, por saliente demais, se deve atravancar, ele re-criou as criaturas que eram minhas, digo, substituiu-as, ou então de novo as modelou. Possuidor que estava da batuta de governador, regia os ministros; e harmonizou todos os corações do Estado com as melodias que lhe agradavam ao ouvido, de modo que agora tornara-se a hera que tomou conta de meu majestoso tronco soberano sorvendo minha seiva... Não estás me prestando atenção?

Miranda – Ah, meu bom pai, estou escutando o senhor, sim.

Próspero – Suplico-te, minha filha, toma nota do que digo: eu daquele jeito, negligenciando as questões terrenas, totalmente recluso, dedicado ao aperfeiçoamento de minha mente com aquilo que valia mais do que supunha o povo e me mantinha tão distante, em meu falso irmão despertei sua natureza malévola, e minha confiança nele, como um pai generoso, nele criou, em oposição, uma falsidade tão grande quanto minha confiança que, de fato, era ilimitada, uma boa-fé irrestrita. Transformado em Lorde, não só com os proventos de minha renda mas também com tudo o mais que meu poder arrecadava, como pessoa que acredita ser verdade, fazendo sua memória pecar, de tanto contar como se verdade fora sua própria mentira, ele verdadeiramente acreditava que fosse o Duque, substituto e executor que era da face externa da realeza, com todas as suas prerrogativas, daí o intumescimento de sua ambição... Estás me ouvindo?

Miranda – Sua história, meu pai, faria até um surdo ouvir.

Próspero – Não havendo barreiras entre esse papel que ele cumpria e aquele por quem ele o cumpria, precisou ele ser o Senhor Absoluto de Milão. Quanto a mim, coitado, minha Biblioteca era um Ducado vasto o suficiente; de exercer qualquer autoridade secular já me julgava ele agora incapaz. Torna-se confederado então (sedento de poder como estava) do Rei de Nápoles, disposto a pagar-lhe tributos anuais, prestar-lhe homenagens, subjugar seu pequeno reinado àquela coroa e dobrar a espinha de um Ducado até ali altivo e sobranceiro... Ai de mim, pobre Milão!... a um curvar-se ignóbil.

Miranda – Deus do céu!

Próspero – Vê sob que condições fez-se a aliança, e que resultados sobrevieram, e depois me diz se isso é coisa de um irmão.

Miranda – Seria um pecado pensar mal de minha avó. Bons ventres geraram filhos ruins.

Próspero – Agora, as condições: o Rei de Nápoles, inveterado inimigo meu, dá ouvidos ao pedido de meu irmão, ou seja, em troca das premissas acordadas, de homenagens e um tributo não sei de que monta, ele deveria imediatamente extirpar-me a mim e aos meus de meu Ducado e outorgar, com todas as honras, a formosa Milão ao teu tio. Isso combinado, um exército traiçoeiro recrutou-se e, em uma madrugada pelo Destino escolhida, Antônio abre os portões de Milão e, no breu da noite, os encarregados daquela tarefa carregam para fora dali a mim e a ti, tu desfeita em lágrimas.

Miranda – Por favor, tenha piedade, meu pai. Eu não lembrar de como chorei então me faz chorar tudo de novo; é sugestão para que se derramem as lágrimas de meus olhos.

Próspero – Escuta-me ainda um pouco mais, e então sim te colocarei a par do presente estado de coisas, sem o que contar-te essa história teria sido algo completamente sem propósito.

Miranda – Por que razão não nos destruíram na mesma hora?

Próspero – Bem perguntado, minha querida; minha história traz à tona essa questão. Eles não se atreveriam, meu anjo, tão profundo era o amor que a mim dedicava o meu povo. Tampouco deixariam marca de sangue naquele serviço, mas com cores mais pálidas pintaram seus infames intentos. Em poucas palavras, apressaram-se a acomodar-nos em uma embarcação, conduziram-nos por algumas léguas até o mar, onde nos esperava a carcaça podre de um barco sem equipamento: nem cordame, nem vela, nem mastro, e que os próprios ratos haviam por instinto abandonado. Foi dentro dessa casquinha que nos atiraram, para que ali ficássemos, gritando para o mar, que nos respondia rugindo; suspirando para o vento, que nos retrucava suspirando de volta, condoído, mas afastando-nos da costa.

Miranda – Por Deus, quanto trabalho eu não lhe causei!

Próspero – Ah, um querubim foste tu, que me conservou vivo. Imbuída de uma coragem celestial, quando eu cobria o mar de gotas salgadas e gemia sob meu fardo, tu sorrias, o que em mim ressuscitava o fato de eu ter estômago para agüentar tudo o que viesse pela frente.

Miranda – Como chegamos à praia?

Próspero – Por Providência Divina. Alguma comida nós tínhamos, e água para beber, que um nobre napolitano de nome Gonçalo, por caridade (e por ter sido designado executor do plano), nos deu, juntamente com ricas vestimentas, linhos, utensílios e coisas de primeira necessidade, o que nos foi e ainda é de grande valia. Em sua bondade, sabedor que era de meu amor aos livros, supriume com volumes de minha própria Biblioteca, os quais eu prezava mais que meu próprio Ducado.

MIRANDA – Muito gostaria eu de um dia encontrar esse homem.

PRÓSPERO – Agora eu me levanto. Fica sentada, e ouve o desfecho de nossa triste aventura no mar: chegamos aqui nesta Ilha, e aqui foi que eu, teu preceptor, dei-te melhor formação que pudesse receber qualquer outro príncipe ou princesa que dispõem de mais tempo para folguedos e têm tutores menos dedicados.

MIRANDA – Que os céus o abençoem por isso, meu pai. Mas agora eu peço que o senhor me responda, pois isto ainda lateja em meu pensamento: por que razão promoveu o senhor essa tempestade no mar?

PRÓSPERO – Pois saibas então que, por acidente dos mais bizarros, a Fortuna, deusa liberal e cega (hoje minha amada Companheira), encarregou-se de trazer meus inimigos a esta praia. Por minha presciência, sei que o meu zênite depende de auspiciosa estrela, cuja influência devo agora cortejar, e não menosprezar, pois do contrário minha boa sorte definhará. Por ora basta de perguntas, tu estás te entregando ao sono: é uma moleza gostosa; deixa-te embalar por essa soneira; e, mesmo, não tens escolha. – Apareça, meu criado, apareça, que agora estou pronto. Aproxime-se, meu Ariel, aproxime-se.

Entra Ariel.

Ariel – Salve, poderoso Mestre, digníssimo senhor, salve! Chegado estou, para satisfazer todos os seus desejos, seja voar, nadar, mergulhar em meio ao fogo, seja cavalgar os cirros-cúmulos; estou ao seu comando. Diga quais são as tarefas de Ariel e de suas habilidades.

Próspero – Você executou, espírito, a tempestade que lhe encomendei? Nos mínimos detalhes?

Ariel – Em todos os seus artigos, cláusulas e itens. Enfiei-me a bordo do navio do Rei; ora na proa, ora no convés, no tombadilho, em todos os camarotes, em todo canto eu cintilei, enchi-os de pasmo, às vezes dividindo-me e queimando em vários lugares. No mastaréu, nas vergas, no gurupés, lá estava eu, centelhas distintas, depois reencontradas, unidas numa só. Os relâmpagos de Júpiter, precursores dos terríveis trovões, não teriam sido mais momentâneos; fui mais rápido que a visão. O fogo e os estrondos crepitantes e sulfurosos pareciam sitiar até mesmo o poderosíssimo Netuno, e faziam estremecer suas corajosas ondas, sim, faziam seu medonho tridente tremer.

Próspero – Meu bom espírito, quem seria tão firme, tão equilibrado, que não se deixasse infectar em seu juízo por essa confusão?

Ariel – Não houve viva alma que não sentisse a febre da loucura, que não entrasse em desespero. Todos que não eram marinheiros atiraram-se nas espumas da água salgada, abandonaram o navio;

comigo incandescente, o filho do Rei, Ferdinando, cabelo em pé (mais parecia junco que uma cabeleira), foi o primeiro a jogar-se ao mar; gritou "O Inferno está vazio, e os demônios estão todos aqui".

Próspero – Esse é o meu espírito! Mas não foi isso já perto da praia?

Ariel – Bem pertinho, meu amo.

Próspero – Mas e eles, Ariel, estão salvos?

Ariel – Não perderam nem um fio de cabelo. Em suas vestes flutuantes, nem uma mancha, até mais limpas que antes. E, como o senhor me ordenou, dispersei-os em bandos pela Ilha. O filho do Rei, eu o fiz chegar à terra firme sem companhia, e sozinho eu o deixei, esfriando o ar com suspiros, a um canto solitário da Ilha, sentado, braços cruzados em tristonha pose.

Próspero – E o navio do Rei, e os marinheiros, diga-me, como você se livrou deles, e do resto da frota?

Ariel – A salvo no cais está o navio do Rei, naquele recôncavo onde uma vez o senhor me chamou à meia-noite para buscar orvalho das Bermudas, ilhas inóspitas de temporais ferozes; o navio está lá. Os marinheiros estão todos seguros nos porões do navio e ficaram dormindo: um feitiço meu juntou-se ao cansaço de sua sofrida labuta. Quanto ao resto da frota, eu a dispersei, mas já estão todos reunidos de novo, e navegam melancolicamente as águas do Mediterrâneo, rumo a Nápoles, na suposição de que viram o navio do Rei naufragar e nele morrer sua nobre pessoa.

PRÓSPERO – Ariel, você desempenhou sua incumbência à perfeição; mas há mais serviço à sua espera. Que horas são?

ARIEL – Já passa do meio-dia.

PRÓSPERO – Pelo menos duas ampulhetas de hora. O tempo entre agora e as seis da tarde deve ser empregado por nós dois de modo precioso.

ARIEL – Há mais trabalho? Já que o senhor assim me castiga, deixe-me lembrá-lo de sua promessa, que ainda está por cumprir.

PRÓSPERO – Mas o que é isso agora? Temperamental? Irado? O que pode você querer de mim?

ARIEL – Minha liberdade.

PRÓSPERO – Antes de expirar-se o tempo? Nem mais uma palavra.

ARIEL – Suplico-lhe, senhor, lembre-se de que lhe prestei serviços valorosos, não lhe menti, não o enganei, servi ao meu amo sem reclamar, sem resmungar; o senhor prometeu abater um ano do meu tempo de servidão.

PRÓSPERO – Você já esqueceu de que tormentos eu o libertei?

ARIEL – Não.

PRÓSPERO – Esqueceu, sim, e agora acha demais

pisar o lodo do fundo do mar, correr com o vento cortante do Norte, buscar-me algo das veias da terra justo quando ela está coberta de neve.

Ariel – Não esqueci não, meu amo.

Próspero – Você está mentindo, coisa maligna. Já esqueceu da repugnante Bruxa Sicorax, que virou anã de tão curvada pela idade e pela inveja? Já esqueceu dela?

Ariel – Não, senhor.

Próspero – Esqueceu, sim. Onde foi que ela nasceu? Fale, diga-me.

Ariel – Argélia.

Próspero – Ora, vejam só, na Argélia! E eu preciso, uma vez por mês, repetir quem você foi, coisa que você esquece. Essa desgraçada dessa Bruxa Sicorax, pelos prejuízos que causou, inúmeros, e pelas feitiçarias, medonhas, que se imiscuíam em ouvidos humanos, foi a desgraçada expulsa, como você sabe, da Argélia. Por uma coisa que ela fez pouparam-lhe a vida. Não é assim?

Ariel – Sim, senhor.

Próspero – Pois a bruxa de olho azulado foi trazida para cá com uma criança na barriga, e aqui e assim foi abandonada pelos marinheiros. E você, meu escravo, conforme relatou-me você mesmo, era então o servo dela. Sendo um espírito delicado demais para levar a cabo as ordens dela, sórdidas e abomináveis, ao recusar-se a cumprir seus comandos ela o confinou, com a ajuda de seus mais potentes serviçais e em sua raiva sem lenitivos, no tronco de um pinheiro. Assim aprisionado permaneceu você, dolorosamente, por doze dolorosos anos, e nesse meio tempo ela morreu, esquecendo-se de você ali no pinheiro, onde você soprava seus gemidos no vento tanto quanto as pás de uma roda de moinho batem na água. Depois disso, esta Ilha não teve a honra de contar com uma figura humana, à exceção da cria que Sicorax, como uma cadela, pariu aqui: um filho sardento, um filhote de bruxa.

Ariel – Sim, Caliban, o filho de Sicorax.

Próspero – Coisa lerda, sou eu quem está falando: ele, esse Caliban, que agora eu mantenho como meu serviçal. Você bem sabe em que tormento encontrei você: seus gemidos faziam os lobos uivar, calavam fundo no peito de ursos eternamente zangados; era tormento que se inflige aos condenados ao Inferno, e que Sicorax não mais podia desfazer. Foi a minha Arte, quando aqui cheguei e ouvi sua dor, que fez rachar o pinheiro e libertou você, Ariel.

Ariel – Eu lhe sou grato, Mestre.

Próspero – Se você continuar resmungando, eu rasgo um carvalho e prego com estacas a sua figura nas entranhas nodosas da árvore, e espero até que você tenha uivado por doze invernos.

Ariel – Perdão, Mestre. Saberei corresponder aos

seus comandos e delicamente cumprirei com meus deveres de espírito.

PRÓSPERO – Pois faça assim; e depois de dois dias eu o dispenso.

ARIEL – Esse é o meu nobre Mestre! O que devo fazer? Diga-me o senhor, o quê? Que devo fazer?

PRÓSPERO – Transforme-se em uma ninfa dos mares, exposta tão-somente à tua própria visão, e à minha; invisível a qualquer outro olho. Vá, e tome esta forma aqui e volte nela. Vá, saia daqui, rápido.

[Sai Ariel.]

Acorda, meu coração, acorda, que tu dormiste bem. Acorda.

MIRANDA – O caráter estranho de sua história deixou meus olhos pesados de sono.

PRÓSPERO – Tira deles o peso. Vem, que nós vamos visitar o meu escravo Caliban. Jamais tem ele uma resposta gentil à nossa presença.

MIRANDA – Caliban não é gente, meu pai, e eu não gosto de olhar para ele.

PRÓSPERO – Dadas as circunstâncias, não podemos nos dar ao luxo de ficar sem ele. Ele nos faz o fogo, busca a lenha e serve-nos de modo a nos ser vantajoso. – Alô! Ora, escravo! Caliban! Tu, que és da terra: fala.

CALIBAN *(de fora do palco)* – Aqui tem lenha o suficiente.

Próspero – Vem até aqui fora, estou mandando, tenho outras ordens para ti. Vamos lá, sua tartaruga, quando é que vais me aparecer?

Entra Ariel, transformado em ninfa dos mares.

Bela aparição! Meu espertíssimo Ariel, escute-me com ouvidos atentos.

Sussurra.

Ariel – Meu amo e senhor, será feito.

[Sai.]

Próspero – Tu, escravo venenoso, gerado pelo próprio demônio dentro de tua monstruosa mãe, aparece.

Entra Caliban.

Caliban – Que caia sobre vocês dois o orvalho da madrugada, tão amaldiçoado como o que minha mãe colhia, com uma pena de corvo, de um pântano insalubre. Que bafeje em vocês a umidade do vento sudoeste, e que ele os cubra de feridas pustulentas.

Próspero – Por isso, podes estar certo, esta noite terás cãibras, e dores como agulhadas nos dois lados do corpo, que vão suspender tua respiração. No grande vazio da noite, gnomos vão se exercitar sobre ti, na forma de ouriços. Ficarás tão furado como um favo de mel, cada furo mais ardido do que se fosses picado de abelhas.

Caliban – Preciso jantar. Esta Ilha é minha, pois a

herdei de Sicorax, minha mãe, e tu a roubaste de mim. Quando aqui chegaste, me acarinhavas, e me tinhas em alta conta; davas-me água com pinhões de cedro; e me ensinavas como nomear as duas grandes Luzes: a maior, que governa o dia, e a menor, que governa a noite. E eu então te amava, e a ti mostrei todas as virtudes da Ilha, as fontes de água doce, as salinas, os pontos desérticos e as terras férteis. Maldito seja eu, que assim procedi. Que todos os feitiços de Sicorax, sapos, baratas, morcegos pousem em vocês, pois eu sou todos os súditos que o senhor tem, e antes era eu o meu próprio Rei. E aqui o senhor me prende, como porco confinado, nesta inóspita laje de pedra, enquanto tiras de meu alcance o resto da Ilha.

Próspero – Tu és o mais mentiroso dos escravos, do tipo que se deixa comover não pela bondade, mas por chicotadas. Eu te tratei (imundície que tu és) com humanidade, e te alojei e te acolhi em minha própria morada, até que tentaste violar a honra de minha filha.

Caliban – Ah, e então! Ah, tomara tivesse acontecido. Tu me impediste, mas eu poderia ter povoado esta Ilha de Calibanzinhos.

Miranda – Escravo abominável, que não se deixa impregnar de nenhuma marca de benevolência, sendo capaz de todas as maldades: tenho pena de ti. A trabalheira que me deu, fazer-te falar, a cada hora te ensinando uma coisa ou outra, quando nem tu mesmo sabes, selvagem, o que queres dizer. Quando ainda grasnavas, como coisa a mais bruta, facultei palavras aos teus propósitos, o que os tornou compreensíveis. Os de tua raça vil, porém (embora tenhas aprendido), tinham isto neles, essa coisa que os de boa natureza não toleram. Assim, foste merecidamente confinado ao ventre desta rocha, pois merecias mais que uma prisão.

Caliban – A senhorita me ensinou sua língua, e o que ganhei com isso foi que aprendi a praguejar. Que a peste vermelha acabe com vocês, por me terem ensinado sua linguagem.

Próspero – Semente de bruxa, vai-te embora daqui! Busca-nos a lenha, e o melhor é que sejas rápido, tens outros servicinhos a fazer. E tu dás de ombros, coisa maligna? Se negligencias ou fazes de má vontade o que eu te ordenar, torturo-te com velhas cãibras, ponho dores em todos os teus ossos, te faço uivar tanto que as feras vão estremecer ante teus berros.

Caliban – Não, eu te suplico. – *[À parte]* – Preciso obedecer. A Arte dele é tão poderosa que seria capaz de controlar Sétebos, o deus da criatura que me pariu, e ainda o transformaria em seu vassalo.

Próspero – Então, escravo, vai-te embora daqui!

[Sai Caliban.]

Entra Ferdinando e, com ele, Ariel, invisível, tocando e cantando.

Ariel (*cantando*) – Até as amareladas areias, vão!
E, depois, juntem mão com mão
Depois de se terem cumprimentado
E depois de haverem beijado
Até silenciarem
As ondas selvagens.
Dancem delicadamente, aqui, e ali, e ali e aqui,
E recitarão o refrão estes meus Espíritos
[gentis:

Coro disperso

Escutem, vocês estão ouvindo? Au-au, au-au.
Os cães de guarda estão latindo: au-au, au-au.

Ariel – Ouçam, psiu, escutem só:

É o chantecler que agora se empertiga,
É o galo que na melodia grita
Cocoricó, cocoricó.

Ferdinando – De onde vem essa música? Do ar? Ou da terra? Parou de tocar. Mas, com certeza, está a serviço de algum deus desta Ilha. Sentado eu neste recife, de novo chorando a perda de meu pai, o Rei, e essa música veio, insinuando-se, por sobre as águas, acalmando nelas a fúria, em mim a dor, com seu suave sopro. Então eu a segui (ou melhor, ela me puxou), mas agora se foi. Mas não, eis que recomeça.

Ariel (*cantando*) – A trinta pés repousa teu pai;
Seus ossos agora são corais;
Seus olhos, um par de pérolas.

E nada estraga, e nem se perde:
Tudo nele se transforma, no mar,
Em algo mui rico e singular.
De hora em hora, ninfas vêm tocar
Coro: Blão, blim, blão
Escuta, cristão, ouve, que os sinos tocam
Blão, blim, blão

Ferdinando – A letra celebra a memória de meu pai, morto por afogamento. Isso não é coisa de mortais, tampouco é um som que à terra pertença; estou ouvindo, e agora vem de cima.

Próspero (*dirigindo-se a Miranda*) – Ergue as cobertas franjadas de teus olhos e dize-me: o que estás vendo ali mais adiante?

Miranda – Aquilo é um espírito? Senhor, como ele olha à volta! Acredite-me, meu pai, ele possui uma bela forma. Só pode ser um espírito.

Próspero – Não, minha querida, ele come e dorme e tem todos os cinco sentidos, como nós; todos os cinco. Esse fino cavalheiro que tu estás vendo estava no naufrágio, só que ele está marcado pela tristeza (uma úlcera em tudo que é belo), embora possas dizer que é uma bonita figura. Perdeu ele os companheiros, e agora anda a esmo, na tentativa de encontrá-los.

Miranda – Eu poderia chamá-lo de uma coisa divina, pois nada vi na Natureza que fosse tão majestoso.

Próspero (*à parte*) – Vejo que tudo se encaminha do modo como sugere minha alma. – Espírito, nobre espírito, por isto vou libertá-lo daqui a dois dias.

Ferdinando – Sem dúvida, a deusa para quem tocam esses cantos etéreos. Garanta-me resposta à minha súplica: posso saber se mora nesta Ilha? Posso saber se me daria uma boa orientação sobre como comportar-me aqui? Minha pergunta mais importante (e que deixo por último) é se posso saber (Ah, você é miragem!) se sua figura é divina ou humana, casada ou donzela.

Miranda – Não sou miragem, senhor, mas com toda a certeza sou donzela.

Ferdinando – Fala a minha língua? Céus! E eu sou o melhor dentre os que usam esta fala, estivesse eu onde ela é falada.

Próspero – Como? O melhor? O que seria de ti se o Rei de Nápoles te ouvisse?

Ferdinando – Sozinho como estou e que agora sou, muito me admira ouvir-te mencionar Nápoles. Ele me ouve e, porque me ouve, eu choro. Nápoles sou eu, que, com meus próprios olhos (em maré cheia desde então) fui espectador do naufrágio do Rei meu pai.

Miranda – Deus do céu: misericórdia!

Ferdinando – Sim, é verdade, e com ele todos os Lordes; o Duque de Milão e seu corajoso filho eram dois deles.

Próspero (*à parte*) – O Duque de Milão e sua ainda mais corajosa filha poderiam desmenti-lo agora, se lhes fosse conveniente. À primeira vista, eles trocaram olhares. – Suave Ariel, estarei libertando você por isso. (*Dirigindo-se a Ferdinando*) – Uma palavrinha, meu bom senhor: receio que o senhor tenha se enganado. Uma palavrinha.

Miranda (*à parte*) – Por que está meu pai falando de modo tão descortês? Este é o terceiro homem que vejo em minha vida, o primeiro que me faz suspirar. Que a piedade leve meu pai a inclinar-se no sentido de minha inclinação.

Ferdinando – Ah, se virgem, e sua afeição ainda não comprometida, faço de você Rainha de Nápoles.

Próspero – Alto lá, senhor. Mais uma palavrinha. – (*À parte*) – Cada um tem o outro em seu poder. Mas esse negócio rápido eu preciso tornar difícil, evitando assim que ganho fácil por demais signifique prêmio fácil. – Mais uma palavrinha. Ordeno-te que me prestes atenção: estás usurpando um nome que não te pertence, e te posicionaste nesta Ilha como espião, para tomá-la de mim, o Senhor da Ilha.

Ferdinando – Não, por minha palavra de homem que não é assim.

Miranda – Nada de maligno poderia habitar um tal templo. Se um mau espírito tem morada tão linda, coisas boas lutarão para com ele coabitar.

Próspero – Segue-me. – E você, senhorita, não fale em defesa dele. Temos aqui um traidor. – Vem, que vou manietar teu pescoço e pés juntos; vais beber a água do mar; vais comer mexilhões não-comestíveis dos regatos, e raízes ressequidas e insípidas e enjoativas, e as cascas onde se aninham as bolotas do carvalho. Segue-me.

Ferdinando – Não; eu prefiro resistir a esse tratamento, até que meu inimigo mostre ter mais força.

Saca de sua espada, mas paralisa-o um encanto.

Miranda – Ah, meu querido pai, não faça um julgamento precipitado, pois ele tem berço nobre e não é covarde.

Próspero – O quê? O pupilo quer educar o mestre? – Empunha tua espada, traidor que faz pose e não ataca. Tua consciência está tomada pela culpa. Sai da defensiva e vem daí, que eu daqui te desarmo com esta varinha, e te deixo sem espada.

Miranda – Eu suplico, meu pai.

Próspero – Sai daqui; não te dependures em minhas vestes.

Miranda – Senhor meu pai, tenha piedade, serei dele a fiadora.

Próspero – Silêncio! Uma palavra mais e terei de repreender-te, ou então odiar-te. Ora, queres defender um impostor? Cala-te. Pensas que não existem outros com uma figura como a dele (tendo visto apenas ele e Caliban). Minha querida bobinha: para a maioria dos homens, esse aí é um Caliban, e, comparados com ele, a maioria dos homens são formas angelicais.

Miranda – Então meus afetos são os mais modestos: não ambiciono ver um homem mais bonito.

Próspero (*dirigindo-se a Ferdinando*) – Vamos, obedece. Voltaram à infância os ligamentos em teus músculos; neles não há vigor.

Ferdinando – Pois assim é: meu espírito de luta, como num sonho, está amarrado. A perda de meu pai, a fraqueza que sinto, o naufrágio de todos os meus amigos, mesmo as ameaças desse homem, a quem estou submetido, não são mais que um fardo menor para mim pudesse eu em minha prisão, uma só vez que fosse por dia, contemplar essa donzela. Que os quatro cantos da Terra façam bom uso da liberdade; eu, em prisão assim, teria espaço suficiente.

Próspero (*à parte*) – Não é que funciona? (*Dirigindo-se a Ferdinando*) – Vamos. – Você fez um belo trabalho, meu caro Ariel. Acompanhe-me. Escute o que mais você deve fazer para mim.

Miranda (*dirigindo-se a Ferdinando*) – Fique tranqüilo, senhor. Meu pai é pessoa de boa natureza, melhor do que parece por suas palavras. Não é usual o modo como ele está agindo.

Próspero (*dirigindo-se a Ariel*) – Você será livre,

como o vento nas montanhas. Mas para isso execute com exatidão cada detalhe de minhas ordens.

Ariel – Ao pé da letra.

Próspero (*dirigindo-se a Ferdinando*) – Vamos, segue-me. (*Dirigindo-se a Miranda*) – Não quero ouvir nem uma palavra em defesa dele.

[Saem.]

SEGUNDO ATO

CENA I

Entram Alonso, Sebastião, Antônio, Gonçalo, Adriano, Francisco e outros.

GONÇALO – Eu vos peço, meu Rei, alegrai-vos. Vós tendes motivos (assim como todos nós) para tal: nossa salvação está muito além de nossas perdas. Nosso quinhão de infortúnio é comum: todo dia, a esposa de algum marinheiro, os donos de algum navio mercante e o próprio navio sofrem esta nossa exata calamidade. Não é senão por milagre (e com isso quero dizer o fato de nós termos sobrevivido) que um punhado em milhões pode falar como nós. Então, com vossa sabedoria, meu bom Rei, contrabalançai nosso pesar com nosso consolo.

ALONSO – Peço-te, deixa-me em paz.

SEBASTIÃO (*à parte, dirigindo-se a Antônio*) – Ele recebe consolo para a vida como quem recebe um soco na barriga.

ANTÔNIO – O enfermeiro não se dá por vencido.

SEBASTIÃO – Olhe, ele está dando corda ao relógio de sua irônica esperteza, que logo, logo vai bater.

GONÇALO – Meu caro senhor.

SEBASTIÃO – Uma. Pode ir contando.

GONÇALO – Quem hospeda todos os pesares que lhe aparecem, o que ganha esse anfitrião é...

SEBASTIÃO — ...um dólar no calção.

GONÇALO – ...uma dor no coração. O senhor fala com mais profundidade do que pensa.

SEBASTIÃO – Foi o senhor que entendeu com mais sapiência do que foi minha intenção.

GONÇALO – Assim sendo, meu caro Lorde...

ANTÔNIO – Que aborrecimento! Como ele joga fora as palavras.

ALONSO – Peço-te: pára com isso.

GONÇALO – Pronto, já parei. Mas, por outro lado...

SEBASTIÃO – ...ele vai continuar falando.

ANTÔNIO – Podemos fazer uma aposta: qual dos dois, ele ou Adriano, vai ser o primeiro a cacarejar?

SEBASTIÃO – O galo velho.

ANTÔNIO – O frangote.

SEBASTIÃO – Apostado. Quem ganha leva o quê?

ANTÔNIO – Uma ovação.

SEBASTIÃO – Feito.

ADRIANO – Muito embora esta Ilha pareça ser deserta...

Antônio ri, e Sebastião bate palmas.

Sebastião (*ainda batendo palmas*) – Aqui está: sua aposta está paga.

Adriano – ...inabitável, e quase inacessível...

Sebastião – ...por outro lado...

Adriano – ...por outro lado...

Antônio – Não podia faltar.

Adriano – ...ela deve ter uma atmosfera acolhedora, sutil, acariciante, de uma delicada parcimônia.

Antônio – Parcimônia era uma rameira delicada.

Sebastião – Sim, e acolhedora, e sutil, e acariciante, como ele disse, com total conhecimento de causa.

Adriano – Aqui, o ar respira sobre nós de maneira dulcificante.

Sebastião – Como se tivesse pulmões... podres.

Antônio – Ou como se fosse por um pântano pútrido perfumado.

Gonçalo – Aqui, tudo é favorável à vida.

Antônio – Sim, tudo... menos os meios para viver.

Sebastião – Desses, há poucos ou nenhum.

Gonçalo – Que viçosa e macia parece a grama! Tão verdinha!

Antônio – De fato, é um capim pardacento.

SEBASTIÃO – Com alguns toques de verde, que um olho treinado enxerga.

ANTÔNIO – E ele não perde nada; não erra uma.

SEBASTIÃO – Exato: o alvo dele passa longe da verdade.

GONÇALO – Mas a maior raridade, na verdade quase inacreditável...

SEBASTIÃO – ...como deve ser uma raridade autêntica...

GONÇALO – ...foi que nossos trajes, tendo ficado (como de fato ficaram) encharcados no mar, preservaram ainda assim sua limpeza e seu brilho, ficando, pelo contrário, como novos, sem desmerecer com a água salgada.

ANTÔNIO – Se pelo menos um dos bolsos de Gonçalo pudesse falar, não diria o bolso que ele está mentindo?

SEBASTIÃO – Sim, ou então, no caso de ser um bolso falso, ficaria calado, embolsando o relato.

GONÇALO – A mim me parece que nossos trajes estão agora tão limpos como quando os vestimos pela primeira vez em África, para o casamento de Claribel, a formosa filha de nosso Rei, com o Rei de Túnis.

SEBASTIÃO – Foi uma linda festa de casamento, e nosso retorno é próspero.

ADRIANO – Nunca antes Túnis foi assim agraciada com Rainha tão exemplar.

GONÇALO – Nunca desde os tempos da viúva Dido.

ANTÔNIO – Viúva? Que a sífilis o leve! Só faltava essa, botar uma viúva na história! A viúva Dido!

SEBASTIÃO – E se ele tivesse falado também no viúvo Enéias? Meu bom Deus, o que você me diz disso?

ADRIANO – A viúva Dido, foi o que o senhor disse? Bem, isso me faz ponderar o seguinte: ela era de Cartago, não de Túnis.

GONÇALO – Essa Túnis, senhor, antes era Cartago.

ADRIANO – Cartago?

GONÇALO – Asseguro-lhe: Cartago.

ANTÔNIO – A palavra dele vale mais que a lira milagrosa.*

SEBASTIÃO – Ele ergueu a muralha, e casas também.

ANTÔNIO – Qual a próxima coisa impossível ele vai dizer que é fácil?

SEBASTIÃO – Acho que ele vai levar esta Ilha para casa no bolso e presenteá-la a seu filho, como se ela não fosse mais que uma maçã.

ANTÔNIO – E dela semeando as sementes no mar, fará brotar outras ilhas.

---

* Na mitologia grega, Anfion usou uma lira para erguer as muralhas de Tebas; as pedras eram sensíveis aos seus acordes. (N. da T.)

Gonçalo – Sim...

Antônio – Mas sim, em boa hora.

Gonçalo – Meu Rei, nós estávamos comentando que nossos trajes parecem agora tão novos como quando estávamos em Túnis, no casamento de vossa filha, que agora é Rainha.

Antônio – E a mais preciosa que Túnis já teve.

Sebastião – Sem mencionar (com sua licença) a viúva Dido.

Antônio – Ah, a viúva Dido! Sim, a viúva Dido.

Gonçalo – Não vos parece, senhor, que meu gibão está tão novo como no primeiro dia em que o usei? De sorte que está limpo.

Antônio – Está limpo por sorte.

Gonçalo – Igual a quando eu o usei no casamento de vossa filha.

Alonso – Estás me entupindo de palavras os meus ouvidos, e isso me revolta o estômago e a disposição. Quisera eu jamais ter casado minha filha em Túnis. Por ter ido lá, perdi meu filho e (a meu ver) ela também; tão longe está ela da Itália que nunca mais a verei. – Ah, e tu, herdeiro meu de Nápoles e Milão, que notável e estrangeiro peixe terá feito de ti refeição?

Francisco – Meu Rei, ele pode estar vivo, eu o vi estapear uma onda, montado que estava em sua crista. Ele dominou as águas, e a beligerância das ondas ele atirou para o lado, e peitou as vagas intumescidas que lhe vinham de encontro. A cabeça altiva ele manteve acima da maré litigiosa, e remou o próprio peso com seus braços fortes em vigorosas braçadas até a costa, que, sobre uma base comida pelas ondas, curvava-se, como que se inclinando para socorrê-lo. Não tenho dúvidas de que ele chegou vivo à terra firme.

ALONSO – Não, não, ele está morto.

SEBASTIÃO – Meu Rei, o senhor deve congratular-se por essa grande perda que não quis abençoar a nossa Europa com vossa filha, mas que preferiu oferecê-la para um africano, onde pelo menos ela está banida de vosso olhar, que tem razões para umedecer-se em sua dor.

ALONSO – Peço-te: pára com isso.

SEBASTIÃO – Todos nós ajoelhamo-nos perante vós, suplicantes, e de outras formas nós vos importunamos, e vossa própria filha, bela alma, teve de pôr na balança a aversão e a obediência, para verificar qual prato pesava mais. Nós perdemos o vosso filho, temo que para sempre. Milão e Nápoles têm mais viúvas por causa desse negócio do que o número de homens que podemos lhes dar para consolo. E a culpa é tão-somente vossa.

ALONSO – E a maior perda é tão-somente minha.

GONÇALO – Meu caro Lorde Sebastião, a verdade que o senhor põe em palavras vem com falta de delicadeza e fora de hora. O senhor põe o dedo na ferida quando deveria providenciar um curativo.

SEBASTIÃO – Pois muito bem.

ANTÔNIO – Mas ele cutucou a ferida muito cirurgicamente.

GONÇALO – Faz tempo feio em nós todos, meu bom Rei, quando vós estais anuviado.

SEBASTIÃO – Tempo feio?

ANTÔNIO – Pois muito feio.

GONÇALO – Fosse eu encarregado de colonizar esta Ilha, milorde...

ANTÔNIO – ...e nela ele semearia o solo de sementes de urtiga.

SEBASTIÃO – Ou camomila, ou malva.

GONÇALO – ...e fosse eu o rei desta Ilha, o que eu faria?

SEBASTIÃO – Virava abstêmio, por falta do que beber.

GONÇALO – Em minha nação eu executaria (ao contrário do que é costumeiro) tudo e todos: nenhuma espécie de comércio eu admitiria; nenhum tipo de magistratura; não haveria homens letrados, nenhuma riqueza, nenhuma pobreza, nem o uso de criadagem: nada de amos, nada de serviçais, nada. Contratos, sucessão por hereditariedade, demarcação de terras, fronteiras, lavouras, vinhedos, ...nada! Não se usava nem metal, nem cereais, nem vinho, nem azeite. Ninguém teria uma ocupação. Ócio para todos! ...inclusive as mulheres..., e todos seriam inocentes e puros. Uma nação e nenhuma soberania.

SEBASTIÃO – Mas ele seria o soberano Rei.

ANTÔNIO – O fim dessa nação dele esqueceu o começo.

GONÇALO – Sem necessidade de suor ou esforço, encarrega-se a Natureza de produzir todas as coisas do uso de todos. Traição, crime, espada, lança, punhal, arma de fogo, a necessidade de artefatos de guerra, eu não admitiria, porque a Natureza, por sua própria natureza, ofereceria toda a farta colheita, toda a abundância que alimentasse o meu povo inocente.

SEBASTIÃO – E os súditos dele não se casariam entre si?

ANTÔNIO – Nenhum, homem: todos no ócio, meretrizes e vagabundos.

GONÇALO – Com tal perfeição eu governaria, meu senhor, a ponto de superar a Idade de Ouro.

SEBASTIÃO – Deus salve Sua Majestade.

ANTÔNIO – Vida longa a ele. Viva Gonçalo!

GONÇALO – Estais me prestando atenção, senhor?

ALONSO – Peço-te, basta! O que falas para mim é nada.

GONÇALO – Eu vos acredito, Alteza, e o que falo é

para dar ensejo a esses cavalheiros, de pulmões de tal modo sensíveis e expressivos que estão sempre a rir de nada.

ANTÔNIO – Era do senhor que estávamos rindo.

GONÇALO – De mim, que, nesse arremedo de brincadeira hilariante, não sou nada para vocês. Pois, continuem; podem prosseguir, rindo de nada.

ANTÔNIO – Com que golpe nos acertaram!

SEBASTIÃO – Se a espada não nos tivesse atingido de prancha...

GONÇALO – Vocês são cavalheiros valentes, com um espírito de aço; seriam capazes de tirar a Lua de sua órbita, contanto que ela ficasse cinco semanas sempre na mesma órbita.

Entra Ariel, tocando uma música solene.

SEBASTIÃO – E tirávamos mesmo, e depois íamos matar galinhas a paulada, já que o galinheiro ia estar dormindo a sono solto na escuridão da noite.

ANTÔNIO – Ora vamos, meu caro Lorde, não fique o senhor zangado.

GONÇALO – Não, isto eu lhe garanto: não me aventuro fora de minha compostura e discrição por ninharias. Tenho sono, e vocês vão acabar por me fazer dormir com tantos gracejos.

ANTÔNIO – Pois acomodem-se para dormir, e poderão ouvir-nos.

Todos adormecem, à exceção de Alonso, Sebastião e Antônio.

ALONSO – O quê? Todos já dormindo, assim tão rápido? Tomara eu, meus olhos pudessem cerrar-se e, com eles, os meus pensamentos. Acho que vão se fechar, os meus olhos.

SEBASTIÃO – Por favor, Alteza, não desprezeis o convite à sonolência. Raras vezes o sono visita a tristeza e, quando o faz, é um consolo.

ANTÔNIO – Nós dois, meu Rei, montaremos guarda à vossa pessoa enquanto vós repousais, e cuidaremos de vossa segurança.

ALONSO – E eu agradeço. Magnífica e pesada sonolência.

Alonso adormece. Sai Ariel.

SEBASTIÃO – Que sonolência estranha tomou-os de assalto!

ANTÔNIO – É a qualidade do clima.

SEBASTIÃO – Mas então por que não faz fechar nossas pálpebras também? Não me sinto disposto a dormir.

ANTÔNIO – Nem eu; tenho o espírito bem desperto. Adormeceram todos ao mesmo tempo, como se tivessem combinado; caíram no sono, como que fulminados por um relâmpago. Que poder é esse, valoroso Sebastião? Que poder? Não falo mais. E, no entanto, penso ver em tua face aquilo que tu deverias ser; o momento te desafia, e minha exacerbada imaginação vê uma coroa que se vai colocando sobre tua cabeça.

SEBASTIÃO – O quê? Você está dormindo?

ANTÔNIO – Não me escuta você o que estou falando?

SEBASTIÃO – Escuto, sim, e com toda a certeza é um linguajar de sonâmbulo, e tu falas desde o recôndito de teu sono. O que foi mesmo que disseste? Eis que temos aqui um estranho repouso, de alguém que dorme com os olhos bem abertos: de pé, falando, movendo-se; e, contudo, em sono tão profundo!

ANTÔNIO – Nobre Sebastião, tu deixas a tua sorte dormitando; melhor dizendo, morta. Tu te manténs de olhos fechados quando estás em vigília.

SEBASTIÃO – Ouve-se distintamente o teu ronco. Há sentido em teu ressonar.

ANTÔNIO – Estou falando mais sério do que me é usual. Você devia fazer o mesmo, se me prestar atenção; em fazendo isso, você engrandece três vezes.

SEBASTIÃO – Pois bem: sou água parada.

ANTÔNIO – Eu lhe ensinarei a fluir.

SEBASTIÃO – Faça-o. Minha preguiça hereditária instruiu-me apenas quanto às marés baixas.

ANTÔNIO – Ah! Se você ao menos soubesse como acalenta essa perspectiva no momento em que dela zomba! No momento em que a desnuda, você a veste de rica indumentária. Na verdade, quando estão em maré baixa, os homens (no mais das vezes) correm rasteirinho ao fundo devido ao seu próprio medo, ou preguiça.

SEBASTIÃO – Peço-te, continua falando. Teu olhar, assim fixo, e a expressão de teu rosto proclamam uma causa dentro de ti, algo por vir à luz; deveras, algo que para poder mostrar-se dói em ti como um parto.

ANTÔNIO – Pois então, meu caro senhor: muito embora seja aquele Lorde ali homem de fraca memória e de quem pouco lembrarão quando estiver na cova, ele quase persuadiu (pois tem um espírito persuasivo, e sua única ocupação é persuadir), quase persuadiu o Rei de que seu filho está vivo. Tão impossível quanto ele não ter se afogado é estar nadando este que aqui dorme.

SEBASTIÃO – Eu não tenho esperança nenhuma de que ele possa não ter se afogado.

ANTÔNIO – Ah! E, dentro dessa esperança nenhuma, que grande esperança você não tem, hã? Esperança nenhuma num sentido é noutro sentido uma esperança tão grandiosa que mesmo a ambição não consegue enxergar além sem desconfiar da descoberta que fez. Você concorda comigo que Ferdinando afogou-se?

SEBASTIÃO – Ele está morto.

Antônio – Então, diga-me: quem é, depois dele, o herdeiro de Nápoles?

Sebastião – Claribel.

Antônio – A que é Rainha de Túnis; aquela que mora a dez léguas para lá de qualquer vestígio de civilização; uma que não tem como ter notícias de Nápoles a menos que o Sol fosse o mensageiro. O Homem da Lua é vagaroso demais, e demoraria muito esperar os queixos recém-nascidos terem barba por fazer. Vindos de lá é que fomos todos engolidos pelo mar, mas as ondas regurgitaram para terra firma (e com esse destino) alguns poucos elencados para encenar um ato. Daí temos que o que é passado é prólogo. E o que é futuro está em suas mãos e está em minhas mãos.

Sebastião – Que absurdo é esse? Do que você está falando? É verdade que a filha de meu irmão, a Rainha de Túnis, é herdeira de Nápoles, e entre as duas regiões tem uma boa distância.

Antônio – Uma distância onde cada cúbito está gritando: "Como conseguirá essa Claribel fazer seu caminho de volta até Nápoles? Permaneça em Túnis, e deixe Sebastião acordar". Veja: fosse a morte que se tivesse apossado deles, e, ora, eles não estariam piores do que estão agora. Existem outros que podem governar Nápoles tão bem quanto este que dorme; existem Lordes que sabem tagarelar com tanta loquacidade e tanta inutilidade quanto este Gonçalo; eu mesmo poderia ensinar uma gralha a falar com a mesma profundidade. Ah, se você raciocinasse com a minha mente: que sono não seria esse para a sua prosperidade! Está me entendendo?

SEBASTIÃO – Penso que sim.

ANTÔNIO – E o seu contentamento em ouvir-me, como se expressa ele nessa boa fortuna que está sorrindo para você?

SEBASTIÃO – Lembro-me que você tomou o lugar de seu irmão Próspero.

ANTÔNIO – Realmente. E repare como me cai bem essa real indumentária, bem mais ajustada que antes. Os vassalos de meu irmão eram àquela época meus companheiros; agora são meu séquito.

SEBASTIÃO – Não fosse por sua consciência...

ANTÔNIO – Ora, meu senhor! Onde está ela, a consciência? Fosse uma frieira, calçava eu minhas chinelas. Mas não tenho essa divindade dentro de meu peito. Vinte consciências houvesse entre mim e Milão, e elas podiam congelar e derreter e não teriam me molestado. Aqui jaz seu irmão, nem melhor nem pior que a terra sobre a qual descansa, estivesse ele no estado em que parece estar (morto), e a quem eu, com esta lâmina obediente (só três polegadas), posso pôr para dormir para sempre. Enquanto você, fazendo o mesmo, pode para sempre fechar os olhos para o descanso eterno desta carcaça, deste Senhor Prudência, a quem não se deve permitir censurar nossos atos. Quanto aos outros, são sugestionáveis e aceitam tudo como um gatinho toma leite: vão dançar conforme a música de nossa composição.

Sebastião – Teu caso, meu caro amigo, será o meu precedente: como tomaste Milão, terei Nápoles. Pega de tua espada, e um golpe te libertará do tributo que pagas, e eu, o Rei, dedicarei a ti o meu afeto.

Antônio – Juntos pegaremos de nossas espadas. E quando eu erguer o punho, você faz o mesmo e deixa sua espada cair sobre Gonçalo.

Sebastião – Antes, uma palavrinha...

Conversam entre si, à parte.

Entra Ariel, com música e canto.

Ariel – Meu Mestre, através de sua Arte, prevê o perigo que o senhor (seu amigo) está correndo e (do contrário, seu projeto extingue-se) manda-me aqui para salvar-lhes as vidas.

Canta no ouvido de Gonçalo.

> O senhor aqui deitado, roncando,
> Enquanto, de olhos abertos,
> Uma conspiração vai se tramando!
> Se o senhor à sua vida tem amor,
> Sacuda o sono e levante-se,
> Acorde-se! Acorde, por favor.

Antônio – Então vamos agir rápido, os dois juntos.

Gonçalo (*acordando*) – Agora, que os bons anjos guardem o Rei.

Alonso (*acordando*) – Ora, mas o que é isso? Alô! Despertos? Por que de espadas em punho? Por que esses olhares apavorados?

Gonçalo – Qual é o problema?

Sebastião – Enquanto estávamos aqui, montando guarda a vosso repouso, agora mesmo escutamos um ruidoso irromper de urros, como touros, ou melhor, leões; não vos acordou? Atingiu meu ouvido de modo pavoroso.

Alonso – Não ouvi nada.

Antônio – Ah, foi uma barulheira de assustar os ouvidos de um monstro; de provocar um terremoto; com certeza foi o rugido de todo um bando de leões.

Alonso – Ouviu isso, Gonçalo?

Gonçalo – Dou minha palavra de honra, senhor meu Rei, que ouvi uma cantoria muito fraquinha (por sinal, muito estranha) que me fez despertar. Eu vos sacudi, Alteza, e gritei, pois meus olhos abriram-se e eu os vi de armas em punho. Houve um barulho, isso é certo. Melhor seria ficarmos todos de guarda; ou deixar este lugar; desembainhemos nossas espadas.

Alonso – Tira-nos daqui deste sítio e vamos procurar por meu pobre filho.

GONÇALO – Que os céus o protejam dessas feras, pois ele com certeza está nesta Ilha.

ALONSO – Tira-nos daqui.

ARIEL – Próspero, meu amo e senhor, ficará sabendo o que fiz. Portanto, Rei, podeis prosseguir em segurança e procurar por vosso filho.

[Saem.]

CENA II

Entra Caliban, com um fardo de lenha.
Ouve-se um barulho de trovão.

CALIBAN – Que todas as inflamações que o Sol suga dos brejos, charcos e pântanos caiam sobre Próspero e façam de cada polegada de seu corpo uma doença ambulante. Ouvem-me os espíritos dele, e ainda assim vejo-me forçado a rogar pragas. Mas eles não me beliscam, nem me assustam com aparições de gnomos disfarçados de ouriços, nem me atiram no lodo, nem me conduzem, como tocha acesa no escuro, para fora de meu caminho... a não ser que ele dê essas ordens. Mas basta uma coisinha de nada e eles estão em cima de mim, como macacos, fazendo caretas e guinchando nos meus ouvidos, e ainda me mordendo. Depois, como ouriços, vão se atravessando no caminho por onde ando descalço e, a cada passo meu, crivam de espinhos os meus pés. Às vezes me vejo envolvido por víboras que, com línguas fendidas, vão assobiando e sibilando a ponto de me enlouquecer. Olhem, agora, olhem!

Entra Trínculo.

Aí vem um dos espíritos dele, e vem me atormentar por eu estar demorando a levar a lenha. Vou me deitar aqui mesmo, ao comprido, e assim pode ser que ele não me veja.

Deita-se e cobre-se com seu manto de capuz.

Trínculo – Não existe por aqui nem arbusto nem macega que proteja do mau tempo; e ainda outra tempestade se armando, que posso escutar a dita cuja cantando no vento. Lá longe a mesma nuvem negra, lá longe uma enorme, mais parece uma garrafa, um caneco imundo com boca de canhão, pronto a derramar seu precioso líquido. Se trovejar e relampejar, como aconteceu antes, não sei onde vou me esconder para não ver nem ouvir. Lá longe a mesma nuvem não tem escolha, só pode cair aos montões. O que temos aqui, um homem, ou um peixe? Vivo ou morto? É peixe, ele fede igual a um peixe; é um fedor de peixe, e fedor muito velho! É uma espécie de... não de um tipo recentemente seco, salgado e curtido, mas de um peixe estranho, exótico. Estivesse eu agora na Inglaterra (como já estive uma vez), e este seria um peixe pintado em um belo cartaz de rua; e os bobalhões em passeio de férias pagariam para vê-lo. Lá na Inglaterra, este monstro passava por humano, e seria mais uma fera estrangeira fazendo a fortuna de um homem. Lá eles não se desfazem de uma mísera moedinha para ajudar um mendigo coxo, mas gastam até dez para ver um índio morto. Tem pernas como um homem; e barbatanas que parecem braços. Meu Deus, está quente! Mas então agora deixo de lado minha primeira idéia, e mudo de opinião: isto aqui não é um peixe, mas um ilhéu recém-atingido por um raio. Ai de mim, que o temporal vem se desabando de novo. O melhor a fazer é enfiar-me debaixo da capa dele; não vejo outro abrigo por perto. A adversidade faz um homem deitar-se com estranhos. Assim eu me cubro, até que se tenham derramado as últimas gotas desse temporal.

Entra Estéfano, cantando, com uma garrafa na mão.

ESTÉFANO – Não embarco nunca mais,
Para o mar eu não vou mais
Eu na praia morro em paz

Esta é uma musiquinha bem nojenta, música de velório. Bem, eis aqui o meu consolo.

Bebe.

Canta.

O capitão e o contramestre,
O artilheiro e o armeiro,

E eu, e até o grumete,
Amávamos todos Maria,
Míriam, Marlene e Margarete.
Mas ninguém quis Margarida:
De mau hálito e afiada língua:
Mandava à merda os marinheiros,
De piche e marujos detestava o cheiro
Mas qualquer um lhe atenuava as coceiras,
Até mesmo um costureiro.
Então, homens, ao mar, e ela que vá à merda.

É musiquinha nojenta, também; mas aqui está o meu consolo.

Bebe.

Caliban – Não me atormentem! Ei!

Estéfano – Ei! O que está havendo? Temos demônios aqui? E vocês ficam nos pregando peças com selvagens, com homens das Índias? Não escapei de me afogar para agora ficar tremendo de susto por causa de uma criatura de quatro pernas. Como já foi dito, "Nada fará ele ceder: nem dentre os homens o mais decente, que em suas quatro pernas se sustente". E assim será dito, uma vez mais, enquanto Estéfano estiver respirando pelo nariz.

Caliban – Ai, que me atormenta esse espírito.

Estéfano – É algum monstro desta Ilha, de quatro patas e, pelo que vejo, trêmulo de febre. Onde diabos terá aprendido nossa língua? Vou prestrar-lhe alguma assistência, se for isso mesmo. Se eu puder reanimá-lo, e mantê-lo dócil, e com ele chegar a Nápoles, este será um presente digno de qualquer Imperador que em suas duas pernas se sustente e que use sapatos de camurça.

CALIBAN – Não me atormente, é o que vos suplico. Começarei a carregar a lenha com maior rapidez.

ESTÉFANO – Está delirando agora. Não fala como o mais sábio dos homens. Vou lhe dar um trago de minha garrafa. Se nunca bebeu vinho antes, isso pode chegar perto de tirá-lo do delírio. Se eu puder reanimá-lo, e mantê-lo dócil, nem todo o dinheiro do mundo que me pagarem por ele terá sido demais. Ele enriquecerá seu dono, com toda a certeza.

CALIBAN – Ainda não me machucastes muito; ireis fazê-lo em seguida, e isso eu sei só de ver vossa tremedeira: Próspero agora vos domina.

ESTÉFANO – Vamos, acorda, volta a ti; abre tua boca; eis aqui o que faz falar o bicho que não tem língua; abre tua boca; isto aqui vai sacudir tua tremedeira, eu te asseguro, com toda a certeza. Tu não tens como saber quem é teu amigo, não sabes o que é bom para ti. Deixa cair o queixo, vamos, mais uma vez.

TRÍNCULO – Essa voz é minha conhecida, ou deveria ser. Mas ele se afogou. Então estes aqui são demônios. – Ah, Senhor meu Deus, defendei-me.

ESTÉFANO – Quatro pernas e duas vozes: um monstro deveras encantador. A voz da frente serve para falar bem de seu amigo; a de trás declama palavras porcas e calunia. Mesmo que leve todo o vinho de minha garrafa para reanimá-lo, eu o assistirei em sua febre. Vamos lá! Amém! Agora despejo vinho na tua outra boca.

Trínculo – Estéfano.

Estéfano – Tua outra boca está me chamando? Misericórdia! Piedade! Isto aqui é um demônio, e não um monstro. Vou-me embora, que não tenho cacife para andar com o diabo.

Trínculo – Estéfano. Se tu és Estéfano, toca-me e fala comigo, pois sou Trínculo. Não tenha medo, sou eu, teu bom amigo Trínculo.

Estéfano – Se és Trínculo, apresenta-te. Vou te puxar pelas pernas menores. Se duas dessas forem as pernas de Trínculo, devem ser estas aqui. (*Puxa-o de debaixo do manto.*) E não é que é verdade? És realmente Trínculo! Mas como é isto, que és bosta desse aborto da Natureza? Por acaso ele caga Trínculos?

Trínculo – Pensei que ele estivesse morto, atingido por um raio. Mas tu não és Estéfano afogado; e agora espero realmente que não estejas afogado. E o temporal, já passou? Eu me escondi debaixo da capa desse monstro morto, com medo do temporal. E tu, és Estéfano vivo? Ah, Estéfano, será possível que dois napolitanos escaparam com vida?

Estéfano – Eu te peço, não me volteia desse jeito, que meu estômago está desbalanceado.

Caliban (*à parte*) – Esses dois são ótimos, e mais: se não forem espíritos, são excelentes. Aquele ali, um corajoso deus, e traz consigo bebida celestial. Aos pés dele eu me ajoelharei.

Estéfano – Como foi que tu escapaste? Como vieste dar a esta praia? Jura-me por esta garrafa contar como vieste parar aqui. Eu escapei em cima de um tonel daqueles, de vinho branco espanhol, que os marujos jogaram ao mar; juro por esta garrafa que eu mesmo fiz, da casca de uma árvore, com minhas próprias mãos, assim que o mar me atirou na praia.

Caliban – Eu juro por essa garrafa ser vosso leal súdito, pois vossa bebida não é terrena.

Estéfano – Aqui: jura e conta como escapaste.

Trínculo – Nadei até a praia, homem, como um pato. Eu nado como um pato, te juro.

Estéfano – Aqui: beija o livro. (*Alcança-lhe a garrafa, e Trínculo bebe.*) Podes nadar como um pato, mas tens a goela comprida de um ganso.

Trínculo – Ô, Estéfano, tens mais disto aqui?

Estéfano – O tonel inteiro, homem; minha adega está numa rocha à beira do mar, onde escondo o meu vinho. – E agora, aborto da Natureza, como está o teu febrão?

CALIBAN – Vós não caistes do céu?

ESTÉFANO – Da Lua, isso eu te asseguro. Eu era o Homem da Lua, em priscas eras.

CALIBAN – Nela eu avistava vossa pessoa. E por vós tenho adoração. Minha ama mostrou-me vossa figura, e a de vosso cachorro, e vossos gravetos.*

ESTÉFANO – Vamos, jura por isto aqui: beija o livro. Já vou tratar de supri-lo com conteúdo novo. Jura.

TRÍNCULO – Por essa luz divina que nos alumia, esse é um monstro muito do rasteirinho. Tive medo dele? Um monstro muito do fraquinho. O Homem da Lua! Um pobre monstro, para lá de crédulo. Eis aí um monstro que sabe entornar uma garrafa, isso sim.

CALIBAN – Eu vos mostrarei cada fértil polegada desta Ilha; e beijarei vossos pés; eu vos peço, sede meu deus.

TRÍNCULO – Pela luz divina, um monstro pérfido e bêbado: quando seu deus estiver dormindo, ele lhe roubará a garrafa.

CALIBAN – Eu vos beijarei os pés. Presto juramento e me faço vosso súdito.

---

* Segundo a lenda, esse homem desobedeceu o descanso dominical e saiu com seu cachorro em busca de gravetos que lhe servissem de lenha; como punição, foi banido para a Lua, com o cachorro e sua braçada de gravetos. (N. da T.)

ESTÉFANO – Então vamos lá: ajoelha-te e jura lealdade.

TRÍNCULO – Esse monstro com cabeça de cachorro parvo ainda vai me fazer passar mal de tanto dar risada. Coisa mais infame; eu ia ter ganas de espancar a criatura...

ESTÉFANO – Vem, beija o livro.

TRÍNCULO – ...se o coitado não estivesse bêbado. Que monstro abominável.

CALIBAN – Eu vos mostrarei os melhores mananciais; para vós, colherei amoras; pescarei para vós; e juntarei bastante lenha. Rogo uma praga contra o tirano a quem eu sirvo. Não mais coletarei gravetos para ele, mas seguirei a vós, maravilha de homem.

TRÍNCULO – É um monstro muito do ridículo, transformando em maravilha um infeliz de um bêbado.

CALIBAN – Eu vos peço, deixai-me levar-vos aonde se criam os caranguejos; e eu, com minhas unhas compridas, desenterro para vós castanhas subterrâneas; eu vos mostrarei um ninho de gaios e vos instruirei em como preparar armadilha para o ágil sagüi; eu vos levarei até onde há montes de avelãs; e às vezes eu vos presentearei com passarinhelos dos rochedos. Ireis vós comigo?

ESTÉFANO – Imploro-te: mostra-me o caminho sem mais demora e sem mais conversa. – Trínculo, com o Rei e todos os outros em nossa companhia havendo se afogado, isto aqui é nossa herança. Toma aqui, segura a garrafa, meu amigo Trínculo; e a gente vai encher de vinho essa coisa logo, logo.

Caliban (*cantando, bêbado*) – Adeus, meu amo e senhor; adeus, adeus!

Trínculo – Um monstro uivante! Um monstro borracho!

Caliban –

> Dique para pegar peixes, não faço mais,
> Lenha, ao ser mandado, não busco mais,
> E os pratos, não esfrego nem lavo mais!
> Ca, Ca, Caliban, Caliban, ban, ban, Cacá
> Tem novo amo; e o senhor que pegue novo [escravo!

Liberdade! Que dia a ser celebrado! Que dia! Celebre-se a liberdade, a liberdade! Que dia a ser celebrado! Liberdade!

Estéfano – Que monstro finíssimo. – Mostra o caminho.

[Saem.]

TERCEIRO ATO

CENA I

Entra Ferdinando, carregando uma tora de madeira.

Ferdinando – Há alguns esportes que são doloridos, mas o prazer que deles se deriva compensa o esforço. Alguns tipos de trabalho inferior executam-se com nobreza; e há questões de muita pobreza que levam a ricos resultados. Esta minha tarefa humilde normalmente me seria pesada, e mesmo odiosa, mas a Dama a quem sirvo reanima o que está morto e faz, de meus labores, alegrias. Ah, ela é dez vezes mais meiga que o pai é mal-humorado; ele é constituído de rigidez e asperezas. Preciso remover milhares dessas toras e empilhá-las, para cumprir com uma severa injunção. Minha doce Dama chora ao me ver trabalhar e diz ocupação assim tão vil jamais teve tal executor. Eu nem penso nisso. Mas esses doces pensamentos vêm suavizar meus labores justo quando neles estou mais ocupado.

Entra Miranda, e também Próspero, conservando este uma certa distância, sem ser visto.

MIRANDA – Ai de mim, que agora lhe suplico: não trabalhe tanto. Tomara um relâmpago tivesse botado fogo nessas toras que você está obrigado a empilhar. Eu lhe peço: sente-se um pouco e descanse. Quando essa madeira queimar, lágrimas ela derramará por ter lhe exaurido as forças. Meu pai está concentrado em seus estudos; eu lhe peço agora, descanse. Ele estará entretido por bem umas três horas.

FERDINANDO – Ah, minha Dama adorada, o Sol irá se pôr antes de eu conseguir completar o que devo esforçar-me por fazer.

MIRANDA – Se você sentar-se, carrego eu as suas toras enquanto isso. Peço-lhe, entregue-me essa, que eu a levo até a pilha.

FERDINANDO – Não, minha preciosa, eu prefiro ficar com os tendões estourados, e com as costas quebradas, a tê-la passando por tal desonra enquanto eu me sento, ocioso.

MIRANDA – Seria trabalho tão indigno de mim quanto o é de você, mas eu o faria com mais facilidade, pois é meu desejo realizá-lo, e não realizá-lo é o seu.

FERDINANDO – Meu pobre bichinho, tu estás adoentada, e o modo como esta tua visita me ataca o organismo é a prova.

MIRANDA – Você está exausto.

FERDINANDO – Não, nobre Dama, o dia está mas é raiando em mim quando é noite e você está perto.

Eu lhe imploro, principalmente para que eu possa colocá-la em minhas preces: qual é o seu nome?

MIRANDA – Miranda. – Ah, meu pai, desobedeci às suas ordens ao revelar meu nome.

FERDINANDO – Admirada Miranda, deveras: nada mais admirável, mais digna do que tem de melhor e mais valioso no mundo. Muitas damas da nobreza observei eu com grande estima e afeição, e muitas vezes a harmonia de suas palavras prendeu o meu ouvido atento; por várias virtudes afeiçoei-me a várias mulheres, mas a nenhuma de alma inteira, pois sempre nelas algum defeito teimava em esgrimar com sua mais elevada graça, e justamente o defeito terminava sendo o florete vencedor. Mas você... ah, você... tão perfeita, e tão sem igual, formada com o melhor de cada criatura.

MIRANDA – Não conheço ninguém do meu sexo; não lembro de nenhum rosto de mulher, salvo o meu próprio, no espelho. Tampouco vi, daquilo que penso poder chamar de homens, mais do que você, meu bom amigo, e meu querido pai. Que aparência têm as pessoas de fora desta Ilha? Eu ignoro. Mas juro-lhe por minha virgindade (a jóia do meu dote): não desejo outro companheiro no mundo que não você. Nem consegue minha imaginação fabricar uma forma outra que não a sua da qual gostar. Mas desandei a falar assim, um tanto desembestada, deste modo esquecendo as recomendações de meu pai.

Ferdinando – Eu sou, por minha condição, Miranda, um Príncipe, penso mesmo que um Rei (quisera eu que assim não fosse), e normalmente não suportaria esta estúpida escravidão, assim como não suportaria uma mosca varejeira depositando ovos em minha boca. Escute, Miranda, o que diz minha alma: no instante em que a vi, meu coração alçou vôo, veio prostrar-se ao sabor de suas ordens e aí reside, para fazer-me escravo delas, e é por sua causa que sou este paciente lenhador.

Miranda – Você me ama?

Ferdinando – Terra e céu, sejam testemunhas destas palavras, e coroem aquilo que professo com boa sorte se eu falo a verdade. Se, pelo contrário, eu estiver mentindo, que se inverta a minha sorte e transforme-se o que seria felicidade em desgraça. Eu, mais do que tudo e além de qualquer limite, amo, prezo e adoro você.

Miranda – Sou uma boba, chorando por aquilo que me faz feliz.

Próspero (*à parte*) – Belo encontro, de duas raras afeições. Que os céus chovam favores sobre o que desses dois vier a nascer.

Ferdinando – Por que está chorando?

Miranda – Choro por meu pouco valor, que não ousa oferecer aquilo que é de meu desejo dar e menos ainda ousa tomar aquilo que sem ter eu morro. Mas isso tudo é ainda coisa pouca; quanto mais procura esconder-se, mais volumoso fica. Xô, timidez dissimulada, e que me encoraje a inocência pura e santa. Serei sua esposa, se comigo você quiser casar. Se não, morro virgem e sua escrava. Deitar-se comigo em casamento é algo a que você pode se recusar, mas serei sempre sua serva, queira você ou não.

Ferdinando – Serás minha Dama e minha querida, e eu diante de tua pessoa serei sempre assim humilde.

Miranda – Serás então meu esposo?

Ferdinando – Sim, com o coração tão desejoso como uma escravidão que anseia por liberdade. Aqui tens minha mão.

Miranda – E aqui a minha, e nela o meu coração. E agora, adeus, e até daqui a meia hora.

Ferdinando – Mil vezes adeus, mil vezes suspiro eu.

[Saem Miranda, depois Ferdinando, para lados diferentes.]

Próspero – Tão feliz com isso como eles não posso estar, pois foram pegos de surpresa; mas nada poderia ter me trazido maior alegria. Agora volto ao meu livro, porque ainda antes da hora da ceia devo providenciar vários negócios relacionados.

[Sai.]

CENA II

Entram Caliban, Estéfano e Trínculo.

Estéfano – Nem pensar, uma coisa dessas! Quando o estoque se acabar, a gente bebe água, mas nem uma gota antes. Portanto, te agüenta de pé e... atacar! – escravo-monstro, bebe à minha saúde.

Trínculo – Escravo-monstro? A loucura desta Ilha! Dizem que há cinco viventes por aqui; nós somos três; se os outros dois são desmiolados como nós, o Estado vai mal das pernas.

Estéfano – Bebe, escravo-monstro, quando eu te ordeno. Estás quase de fogo; continua, mamando pela boca.

Trínculo – E ele devia mamar por onde, senão pela boca? Dava um monstro muito fino, mesmo, se mamasse pelo rabo.

Estéfano – Esse meu homem-monstrengo afogou a língua no vinho espanhol. Quanto a mim, o mar não me pode afogar: nadei, antes de retornar à terra firme, trinta e cinco léguas, sem parar – e, por esta luz que nos alumia, tu serás meu monstro-tenente. Ou meu porta-estandarte.

Trínculo – Se você quiser, ele pode quando muito ser o seu estandarte, tremelicoso ao vento, pois assim como está não vai portar coisa nenhuma.

Estéfano – Não vamos entregar os pontos, Monsieur Monstro. Não vamos bater em retirada.

Trínculo – Nem bater em retirada nem seguir adiante na batalha. Vocês vão mais é desabar, e como dois cachorros vão se estirar no chão, dois bichos sem fala e sem palavra.

Estéfano – Aborto da Natureza, fala uma vez na tua vida, e desembucha: és ou não és um belo aborto da Natureza?

Caliban – Como tendes passado, Vossa Honra? Deixai-me lamber vosso sapato. A ele eu não obedecerei; ele não é corajoso.

Trínculo – Mentes, monstro mentecapto. Estou no ponto, pronto para sair no cotovelaço com um oficial de justiça. Ora, seu debochado duma figa, burro que tu és, já se viu homem covarde que bebesse tanto vinho branco quanto eu hoje? Vais contar uma tal mentira monstruosa, sendo tu metade burro, metade monstro?

Caliban – Observai como ele zomba de mim. Permitireis que ele assim o faça, milorde?

Trínculo – Milorde? Foi isso mesmo que ele falou? Como é que pode? O monstro em toda a sua naturalidade é um idiota!

Caliban – Vede, meu senhor, de novo. Poderíeis atacá-lo a dentadas, até ele morrer. Eu vos imploro.

Estéfano – Trínculo, cuidado com a língua. Se um motim é o que você está planejando, a árvore mais próxima espera por sua cabeça. O pobre monstro é meu súdito, e não será vítima das suas ignomínias.

Caliban – E eu sou grato ao meu mui nobre Lorde. Desejaríeis agora prestar atenção uma vez mais ao pedido que vos fiz?

Estéfano – Com muito prazer. Ajoelha-te, e repete teu pedido. Eu ficarei de pé, e Trínculo também.

Entra Ariel, invisível.

Caliban – Como eu vos disse antes, estou sujeito a um tirano, um feiticeiro, que com sua esperteza roubou-me esta Ilha.

Ariel (*com a voz de Trínculo*) – Mentira!

Caliban – Mentira coisa nenhuma! Mentira quem diz é você, seu macaco palhaço, você, que eu queria ver destruído por meu valente amo e senhor. Eu não conto mentiras.

Estéfano – Trínculo, se você perturbá-lo de novo em seu relato, juro por esta minha mão: eu lhe vou subtrair uns dentes da boca.

Trínculo – Ora, eu não disse nada.

Estéfano – Mudo, então, e basta! – Prossegue.

Caliban – Digo que por feitiçaria ele usurpou esta Ilha de mim, usurpou-a. Se Vossa Magnificência quiserdes executar a vingança, eu sei que para tanto tendes coragem, mas essa Coisa (*apontando para Trínculo*) não se atreveria.

Estéfano – Disso não há dúvida.

CALIBAN – Vós sereis o dono e senhor da Ilha, e eu, vosso escravo.

ESTÉFANO – Mas, então, agora, como é que se põe isso na prática? Podes me levar até a outra parte em questão?

CALIBAN – Sim, como não, milorde. Eu o entregarei a vós dormindo, quando então podereis cravar-lhe um prego na cabeça.

ARIEL (*com a voz de Trínculo*) – É mentira, não podes fazer isso.

CALIBAN – Que tipo de bobo multicolorido é esse? Não passas de um amontoado vil de remendos! – Eu vos suplico, Vossa Magnificência, dai-lhe uns sopapos e tomai-lhe a garrafa das mãos. Quando ele não a tiver mais, beberá nada além de água do mar, pois a ele não mostrarei onde estão os córregos de água doce.

ESTÉFANO – Trínculo, não se meta a correr mais riscos; se interromperes o monstro com mais uma palavra, juro por esta minha mão: ponho minha compaixão para correr e bato em você como quem amacia carne dura para um bife.

TRÍNCULO – Ora, mas o que fiz eu? Não fiz nada; vou mas é me afastar daqui.

ESTÉFANO – Você não disse que o que ele falou era mentira?

ARIEL (*com a voz de Trínculo*) – É mentira.

Estéfano – Agora fui eu que falei uma mentira? Pois toma. (*Bate em Trínculo.*) Já que você gosta disto, vamos, repita, me chame de mentiroso.

Trínculo – Não lhe chamei de mentiroso. Você está ruim da cabeça e agora também ruim dos ouvidos? Que você pegue sífilis dessa garrafa, isso é o que o vinho e a bebedeira podem fazer. Que a peste leve o seu monstro, e, quanto a você, que o diabo lhe arranque os dedos fora.

Caliban – He, he, he.

Estéfano – Agora, adiante com tua história. – E a você eu peço: afaste-se.

Caliban – Espancai-o com vontade. Depois, eu também me encarrego de espancá-lo.

Estéfano – Não chegues perto. – Vamos, continua.

Caliban – Ora, como vos contei, é hábito dele cochilar depois do horário do almoço. Podeis então estourar-lhe os miolos, havendo primeiro tomado dele os livros. Ou podeis, com uma acha de lenha, rachar-lhe o crânio, ou ainda fincar-lhe uma estaca na barriga, e podeis mesmo, com vossa espada, executar uma degola. Lembrai-vos primeiro de tomar posse dos livros dele; sem os livros, ele é só mais um palerma embriagado, que nem eu; fica sem um único espírito a quem comandar; eles todos o odeiam com tanta força quanto eu. Queimai-lhe apenas os livros, pois ele tem finos utensílios (assim ele os chama) que vai usar para decorar uma casa... quando ele tiver uma. O que deveis levar em consideração, e com a maior seriedade, é a beleza da filha. Ele próprio, chama-a de incomparável. Eu mesmo nunca vi mulheres outras que não Sicorax, minha mãe, e ela; mas ela é muito mais linda que Sicorax, assim como um gigante é muito mais alto que um anão.

ESTÉFANO – É tão bela assim a moça?

CALIBAN – Sim, milorde, ela ficará muito bem em vossa cama. Isso eu vos garanto, e ela vos renderá belos rebentos.

ESTÉFANO – Monstro, eu me encarrego de matar esse homem. A filha dele e eu seremos Rei e Rainha, e Deus salve Nossas Graças! E Trínculo e tu serão Vice-Reis. Que tal lhe parece o enredo desse plano, Trínculo?

TRÍNCULO – Excelente!

ESTÉFANO – Dê-me sua mão; desculpe-me por ter batido em você, mas, enquanto você viver, cuidado com a língua.

CALIBAN – Durante a meia hora em que ele estiver dormindo, vós o destruireis?

ESTÉFANO – Sim, tens minha palavra de honra.

ARIEL – Isso eu contarei ao meu amo.

CALIBAN – Vós sabeis como fazer-me feliz. Estou pleno de contentamento. Vamos nos divertir. Quereis começar, cantando a plenos pulmões o cânone que recém me ensinastes?

Estéfano – A teu pedido, monstro, faço qualquer coisa dentro do razoável; tudo dentro do razoável. – Junte-se a nós, Trínculo, vamos cantar.

Canta.

Pode-se deles rir e zombar
Pode-se rir deles e debochar
Pensar não custa nada

Caliban – Não é essa a melodia.

Ariel toca a melodia com tamboril e flauta.

Estéfano – O que é essa mesma música?

Trínculo – Essa é a música do nosso cânone, e quem a está tocando é a personificação de Ninguém.

Estéfano – Se és um homem, aparece em tua real forma; se és um demônio, entende como quiseres e faze como te aprouver.

Trínculo – Oh! Perdoai-me os meus pecados.

Estéfano – Na morte pagam-se todas as dívidas: eu te desafio; tem misericórdia de nós.

Caliban – Estais com medo?

Estéfano – Não, monstro, eu não.

Caliban – Não tenhais medo; a Ilha é cheia de ruídos, sons e doces brisas que dão prazer e não fazem mal. Tem vezes em que mil instrumentos metálicos ressoam em meus ouvidos; outras vezes, vozes que, mesmo tenha eu acordado de um longo e profundo sono, fazem-me dormir de novo, e então, em sonhos, as nuvens a mim parecem abrirse, exibindo riquezas que me vão cair no colo, de maneira que, quando acordo, caio no choro, porque meu desejo é voltar a sonhar.

ESTÉFANO – Este será um belo reino, e um reino que me convém, pois que terei minha música de graça.

CALIBAN – Quando Próspero estiver liquidado.

ESTÉFANO – Isso será logo. Não esqueci da história que contaste.

TRÍNCULO – O som está se afastando; vamos segui-lo, depois fazemos o nosso serviço.

ESTÉFANO – Vai na frente, monstro, e nós te seguimos. Queria poder ver esse tamborileiro; toca bem, ele.

TRÍNCULO (*dirigindo-se a Caliban*) – Vens? Eu acompanho Estéfano.

CENA III

Entram Alonso, Sebastião, Antônio, Gonçalo, Adriano, Francisco e outros.

GONÇALO (*dirigindo-se a Alonso*) – Por Nossa Senhora, não posso ir adiante, senhor. Meu esqueleto é velho e dói. Esta caminhada vai mesmo num labirinto, segue retas e meandros. Tende paciência, meu Rei, necessito e preciso descansar.

ALONSO – Meu velho Lorde, não te posso censurar, eu que me sinto tomado de exaustão até o embotamento de minh'alma. Senta-te, e descansa. Mesmo aqui dispo-me eu de minhas esperanças e não mais as guardarei, para que nunca mais me enganem. Ele se afogou, aquele por quem nós tanto procuramos, e o mar zomba de nossa frustrada busca em terra firme. Pois bem, vamos dele despedir-nos.

ANTÔNIO (*à parte, dirigindo-se a Sebastião*) – Fico bem feliz, que ele esteja tão sem esperanças. Não há de ser por um revés que você irá abandonar o propósito que decidiu levar a cabo.

SEBASTIÃO (*à parte, dirigindo-se a Antônio*) – A próxima oportunidade nós saberemos aproveitar por completo.

ANTÔNIO – Que seja esta noite, pois agora estão todos sem fôlego pela árdua caminhada. Não conseguirão, não terão como, manter uma vigilância igual à de homens bem despertos.

SEBASTIÃO – Hoje à noite, sem falta.

Música solene e estranha, e Próspero acima (invisível). Entram figuras estranhas diversas, que trazem para a cena um banquete de vinho, frutas e doces; dançam pelo palco com gestos suaves de saudação, e assim convidam o Rei, etc. a comer e retiram-se.

ALONSO – Que música tão melodiosa é essa? Meus bons amigos, escutai.

Gonçalo – Melodia doce, e que maravilha de harmonia.

Alonso – Céus, dai-nos gentis anjos da guarda! O que eram essas figuras?

Sebastião – Gente se fazendo passar por marionetes; agora posso acreditar em unicórnios; e também que na Arábia tem uma árvore, o trono da Fênix, e uma Fênix, que a estas horas verdadeiramente reina por lá.

Antônio – Pois eu agora passo a acreditar em unicórnio, fênix, e tudo o mais que for desacreditado. É só vir a mim, e eu juro pelo que há de mais sagrado que é verdade. Viajantes nunca mentiram, mas os que ficam em casa condenam-nos por suas histórias.

Gonçalo – Se em Nápoles eu fosse relatar isso agora, as pessoas me acreditariam? No caso de eu contar que vi tais ilhéus (por certo que são criaturas da Ilha) que, embora de aparência monstruosos, ainda assim, notem, seus modos são mais nobres e gentis que os de muitas pessoas de nossa raça humana ou, melhor dizendo, de quase todas.

Próspero (*à parte*) – Sois um lorde honesto, e falastes muito bem, pois alguns de vós, aqui presentes, são piores que demônios.

Alonso – Não consigo parar de me sentir maravilhado por aquelas formas, aqueles gestos e aqueles sons, expressando... embora carentes do uso de palavras... uma espécie de magnífico discurso mudo.

Próspero (*à parte*) – Poupai vossos elogios para o fim.

Francisco – Sumiram de modo estranho.

Sebastião – Não importa, já que deixaram para trás estas iguarias; porque nós estamos de barriga vazia. Não vos seduz, provar de tudo o que temos aqui?

Alonso – A mim não.

Gonçalo – Acreditai-me, meu Rei, não há por que terdes receio. Quando éramos meninos, quem teria acreditado que existissem montanheses com papadas que nem os touros, com pescoços de onde pendem barbilhos de carne? Ou mesmo que existissem homens cujas cabeças estão plantadas em seus peitos? Isso tudo nos garantem hoje os poucos viajantes aventureiros que conseguem voltar de suas andanças pelo mundo.

Alonso – Me apresento, e me alimento, embora pela última vez. Não importa, pois sinto que o melhor desta vida já passou. Irmão, meu mui digno Senhor Duque, apresenta-te, e come também.

Relâmpagos e trovões.

Entra Ariel, em forma de harpia, bate as asas sobre a mesa e, por meio de artifício engenhoso, faz desaparecer o banquete.

ARIEL – Vocês são três homens pecadores, a quem o Destino, que usa como seu instrumento este baixo mundo e tudo quanto ele encerra, este mesmo Destino quis que o mar, incapaz de nausear-se, regurgitasse-os aos três nesta Ilha; e justo nela, onde homem nenhum habita; justo vocês, que entre os homens são os que menos merecem viver. Encarreguei-me de ensandecê-los; mesmo portadores da bravura dos desatinados, os homens enforcam e afogam as próprias vidas.

Alonso, Sebastião, etc. puxam das espadas.

Vocês são tolos! Meus companheiros e eu somos ministros do Destino: os elementos de que são feitas e com que foram temperadas as suas espadas podem quando muito rasgar os ruidosos ventos ou com ridículos golpes assassinar as indivisíveis águas e podem quando muito diminuir em um filamento minha plumagem. Os ministros que me acompanham são do mesmo modo invulneráveis. Pudessem vocês desferir golpes, suas espadas estão agora pesadas demais para suas forças, e vocês não conseguirão erguê-las. Mas, lembrem-se (pois, com relação a vocês, é esta a minha missão): vocês os três de Milão derrubaram o bom Próspero; entregaram-no, ele e sua inocente filhinha, ao mar, que agora vingou-se. Por aquele ato infame de vocês, os poderes divinos, que se demoram mas não esquecem, inflamaram o mar e as marés, sim, todas as criaturas contra a paz de vocês três. A ti, Alonso, privaram-te de teu filho; e agora anunciam, através de mim, a mais completa ruína, a mais demorada destruição, pior que toda espécie de morte repentina, e vai acompanhá-los passo a passo vocês e cada movimento seu; e vocês não têm como se proteger dessa ira que cairá sobre suas cabeças aqui, na mais desolada Ilha do mundo, a não ser que se arrependa o coração de vocês e seja imaculada sua vida subseqüente.

Ele desaparece em meio a trovões, depois do que, ao som de música suave, entram de novo as figuras, que dançam, fazendo caretas e, levando embora a mesa, retiram-se.

Próspero – Você representou admiravelmente o papel e a forma de uma harpia, meu Ariel; devoradora, tinha um ar gracioso. Das minhas instruções, você não omitiu nada e nada moderou naquilo que tinha de dizer; do mesmo modo, com ótima animação e em máxima observância aos detalhes, meus ministros menores encenaram seus diversos tipos. Meus altos sortilégios operam, e esses, meus inimigos, estão todos enredados em seus pensamentos porque insanamente distraídos. Estão agora em meu poder, e nesses delírios eu os deixo, enquanto visito o jovem Ferdinando, que eles supõem afogado, e a sua querida amada, que também é minha.

[Sai.]

Gonçalo – Em nome de qualquer coisa sagrada, meu Rei, por que estais com esse estranho olhar, assim pasmo?

Alonso – Ah, mas é monstruoso, é monstruoso! A mim me pareceu que as ondas falavam, e vinham me contar o mesmo que em meus ouvidos os ventos cantaram, e o trovão, aquele tubo sonoro de um órgão, profundo e grave e pavoroso, ele também pronunciou o nome de Próspero; no som mais baixo denunciou meu delito. Por isso meu filho agora tem no lodo o seu leito; mas eu vou procurá-lo, e vou mais fundo que qualquer sonda de navegação, e com ele repousarei, coberto de lama.

Sebastião – Vindo um de cada vez, eu combato legiões de espíritos demoníacos.

Antônio – E eu entro na luta como teu segundo.

[Saem Sebastião e Antônio.]

Gonçalo – Estão todos os três desesperados. A culpa é muito poderosa, como veneno que, inoculado para agir muito tempo depois, agora começa a comer-lhes o fígado. Eu lhe imploro, a você, que tem as juntas mais flexíveis, siga-os de perto, e evite o que neles pode vir a provocar essa exaltação em que se encontram.

Adriano – Sigam-me, eu lhes peço.

[Saem todos.]

QUARTO ATO

CENA I

Entram Próspero, Ferdinando e Miranda.

Próspero (*dirigindo-se a Ferdinando*) – Se exigi de você uma disciplina de excessiva austeridade, isso fica retificado por sua compensação, pois aqui lhe entreguei um terço de minha própria vida, ou minha própria razão de viver, de quem uma vez mais eu ofereço a mão, para a sua mão. Todas as tuas humilhações foram tão-somente meu modo de testar o teu amor, e tu passaste admiravelmente em todas as provas. Aqui, diante dos céus, ratifico meu rico presente. Ah, Ferdinando, não te rias de mim quando dela eu me mostro orgulhoso, pois verás que para ela todo elogio é pouco e diante dela qualquer elogio será deficiente.

Ferdinando – Nisso eu acredito, mesmo que o contrário me dissesse um oráculo.

Próspero – Então toma, como meu presente e aquisição tua, por ti merecidamente conquistada, minha filha. Contudo, se lhe desatares o nó da virgindade antes de ministradas todas as sagradas cerimônias, com todos os rituais santificados a que ela tem direito, e em sua integridade, os céus não poderão aspergir sobre vocês as doces promessas que farão vingar esse contrato. Pelo contrário, um ódio estéril, um desprezo ácido e amargurado e a discórdia cobrirão o leito de sua união com ervas-daninhas tão nojentas que vocês os dois detestarão a cama. Portanto, muita atenção, quando a luz de Himeneu se apresentar para iluminá-los.

Ferdinando – Como espero dias tranqüilos, bela prole e vida longa, com um tal amor como este de agora, nem o esconderijo mais escuro, nem o local mais oportuno, nem a mais poderosa sugestão que possa engendrar nosso espírito mais satânico, nada conseguirá desencaminhar minha honra para a luxúria, no sentido de roubar-me o vigor na celebração do dia em que inevitavelmente pensarei que os cavalos de Febo ficaram aleijados de tanto correr ou que a Noite ficou acorrentada abaixo das Antípodas.

Próspero – Belo discurso! Senta-te agora e conversa com Miranda, ela é tua. – Ei, você, Ariel! Meu diligente servo Ariel!

Entra Ariel.

Ariel – O que deseja o senhor, meu poderoso Mestre? Eis-me aqui.

Próspero – Você e seus companheiros menores na hierarquia realizaram à perfeição seu último serviço, e agora devo usá-los em um outro truque desses. Vá, traga-me essa turba, esses sobre quem eu lhe deleguei poderes; que venham até aqui. Incentive-os para que se mexam rápido, pois preciso conferir aos olhos desse jovem casal algumas futilidades de minha Arte. É promessa que fiz, e eles esperam isso de mim.

Ariel – Agora já?

Próspero – Sim, já, num abrir e fechar de olhos.

Ariel – Antes que o senhor diga "vá e volte",
Antes que grite ou suspire forte,
Cada um, mesmo que o pé entorte,
Estará aqui, e outra vez ator.
Agora, o senhor me tem amor?

Próspero – Mais do que imagina, meu charmoso Ariel. Não se aproximem até que eu os tenha chamado.

Ariel – Está certo. Já entendi.

[Sai.]

Próspero (*dirigindo-se a Ferdinando*) – Cuide para que se cumpra o prometido; não dê rédea frouxa ao namoro. As maiores juras de amor são palha para o fogo que corre nas veias. Abstenha-se delas, ou então... pode ir dando adeus aos votos de casamento.

Ferdinando – Posso lhe garantir, senhor, que é virgem, branca e gelada a neve que recobre o meu coração e resfria o ardor de minha masculinidade.

Próspero – Pois bem. – Agora aproxime-se, meu

Ariel. Traga junto consigo espíritos a mais, para que não nos falte um ou dois. Apareçam, e logo!

Música suave.

Sem abrir a boca, sem usar a língua! Olhos atentos! Fiquem em silêncio!

Entra Íris.

Íris – Ceres, senhora generosíssima, com vossos ricos campos de trigo, centeio, cevada, lentilhas, aveia e ervilhas; vossas verdejantes montanhas, onde habitam ovelhas que vão mordiscando a vegetação e os gramados planos, colmados com a forragem do inverno que os preservam; vossas margens orladas de gravetos entre si tramados para lhes conter a laceração e que o abril, ensopado, a vosso pedido vem enfeitar, fabricando castas coroas para as frias ninfas; e vossos terrenos tomados por giestas cujas sombras adora aquele que ama e é rejeitado, saudoso de ter uma namorada; vossos vinhedos muito bem podados; e vossa orla marítima, estéril e dura e pedregosa, onde vós mesmas tomais a fresca! A Rainha do firmamento, cujo úmido arco-íris e mensageira sou eu, vem pedir-vos: abandonai isso tudo e vinde juntar-vos à graça soberana de minha Rainha e com ela brincar, aqui nesta relva, aqui neste lugar. Voam em grande velocidade os pavões de minha Rainha.

Aparece a carruagem de Juno, puxada por pavões, suspensa acima do palco.

Aproximai-vos, ó rica Ceres, dai as boas-vindas à minha Rainha.

Entra Ariel, fazendo-se passar por Ceres.

Ceres – Salve, multicolorida mensageira; tu, que jamais desobedeces à esposa de Júpiter; tu, que com asas em açafrão esparges sobre minhas flores gotículas de mel em garoas refrescantes; tu, que com cada extremidade de teu arco azulado coroas meus bosques e pastagens, cobrindo de rica manta a suntuosidade de minhas terras: por que tua Rainha convocou-me para aqui comparecer, neste gramado assim ralinho?

Íris – Para celebrardes um contrato de amor verdadeiro, e para fazerdes generosa doação de algum presente aos abençoados amantes.

Ceres – Diz-me, arco celeste, o quanto sabes: Vênus ou Cupido seu filho acompanham a Rainha? Desde que eles maquinaram por que meios o triste Plutão ficar com minha filha, jurei nunca mais estar na companhia vergonhosa dessa Vênus e de seu menino cego.

Íris – A companhia dela não tens por que recear. Encontrei Sua Diviníssima a caminho de Pafos, cortando as nuvens em alta velocidade, o filho com ela, puxados por pombas. Aqui, pensei que eles haviam colocado algum encantamento libertino sobre este homem e esta donzela, cujos votos são de não cumprirem com seu dever nupcial antes de se atear o fogo na tocha de Himeneu; mas em vão.

A ardorosa favorita de Marte teve de dar meia-volta; seu filho, de cabeça quente, quebrou suas setas e jura que não mais usará o arco-e-flecha, e vai só brincar com pardaizinhos, esses pássaros lascivos, e ele será apenas um menino.

Ceres – Das rainhas a mais majestosa, eis que chega a Grande Juno; reconheço-a por seu jeito de andar.

A carruagem de Juno desce até o palco.

Juno – Como vai minha generosa irmã? Vem comigo, abençoar esse casal: que possam ser prósperos, e que os honre a sua prole.

Ceres junta-se a Juno em sua carruagem, que sobe e fica suspensa sobre o palco. Elas cantam.

Juno – Honras, riquezas, bênçãos nupciais,
Um longo matrimônio, e mais:
Que sua vida tenha muita alegria,
Juno lhes deseja, em seu dia-a-dia!

Ceres – Que a terra em abundância lhes dê,
Sempre cheios, silos e celeiros,
Parreirais fartos, muita uva em cachos;
De tanta fruta, muito galho curvado;
Que ao outono siga-se a primavera,
Logo após ter a colheita sua festa!
Que fiquem longe a escassez e a precisão;
Esta que lhes fala é Ceres, com sua bênção.

Ferdinando – Essa é visão das mais grandiosas, encantadora e harmoniosa. Posso atrever-me a acreditar que são espíritos?

Próspero – Espíritos sim, convocados através de minha Arte, saídos de seu ambiente para interpretar minhas fantasias deste momento.

Ferdinando – Deixe-me viver aqui para sempre. Um sogro assim raro, cheio de prodígios e sábio, faz deste lugar o paraíso.

Juno e Ceres sussurram entre si e mandam Íris incumbir-se de uma tarefa.

Próspero – Agora, meu querido, silêncio! Juno e Ceres sussurram entre si com muita seriedade. Há algo mais a ser feito. Fiquem quietos, e calados, do contrário nossa magia estraga-se.

Íris – Vocês que se chamam náiades, ninfas de riachos sinuosos e errantes, com suas coroas de juncos e sua aparência sempre inocente, deixem seus encrespados córregos e, nesta terra verdosa, respondam a este chamamento. Juno assim ordena. Venham, virgens ninfas, e ajudem-nos a celebrar um contrato de amor verdadeiro. Não se demorem demais.

Entram várias ninfas.

Vocês, queimados de sol, ceifeiros esgotados do mês de agosto, venham cá, saiam da seara e alegrem-se; façam feriado; botem seus chapéus de palha de centeio e juntem-se a essas doces ninfas numa dança campestre.

Entram vários ceifeiros, apropriadamente vestidos. Juntam-se às ninfas em uma graciosa dança, ao fim da qual Próspero avança de repente e começa a falar, após o que os ceifeiros e ninfas desaparecem rapidamente, em meio a sons confusos, um barulho com efeitos de eco.

Próspero (*à parte*) – Tinha me esquecido da infame conspiração do selvagem Caliban e de seus confederados contra a minha vida. É chegada a hora do atentado. (*Dirigindo-se aos espíritos*) – Muito bem! Retirem-se; agora basta.

Juno e Ceres ascendem em sua carruagem; Íris sai.

Ferdinando – Isso é estranho. O seu pai está tomado de uma exaltação que o afeta intensamente.

Miranda – Nunca até hoje eu o vi movido pela raiva, assim destemperado.

Próspero (*dirigindo-se a Ferdinando*) – Você parece, meu filho, consternado, como se estivesse preso de algum temor. Anime-se, senhor. Nossa diversão chegou ao fim. Esses nossos atores, como lhe antecipei, eram todos espíritos e dissolveram-se no ar, em pleno ar, e, tal qual a construção infundada dessa visão, as torres, cujos topos deixam-se cobrir pelas nuvens, e os palácios, maravilhosos, e os templos, solenes, e o próprio Globo, grandioso, e também todos os que nele aqui estão e todos os que o receberem por herança se esvanecerão e, assim como se foi terminando e desaparecendo essa apresentação insubstancial, nada deixará para trás um sinal, um vestígio. Nós somos esta matéria de que se fabricam os sonhos, e nossas vidas pequenas têm por acabamento o sono. Senhor, eu estou, sim, irritado. Tolere a minha fraqueza; meu velho cérebro está perturbado. Não se deixe impressionar por minha enfermidade. Se lhe agrada a idéia, retire-se para minha gruta e repouse. Vou caminhar; uma volta ou duas, para acalmar minha mente agitada.

Ferdinando e **Miranda** – Que o senhor encontre a sua paz.

[Saem.]

Próspero – Venha, rápido como o pensamento! Muito obrigado, Ariel. Venha.

Entra Ariel.

Ariel – Aos seus pensamentos sou fiel. Qual é o seu desejo?

Próspero – Espírito, devemos estar preparados para nos encontrarmos com Caliban.

Ariel – Sim, meu comandante. Quando representei Ceres, pensei em falar ao senhor sobre isso, mas receei deixá-lo irado.

Próspero – Repita, Ariel: onde você deixou aqueles canalhas?

Ariel – Eu lhe disse, mestre, eles estavam vermelhos e inflamados pela bebida, tão valentões que esmurravam o ar porque este lhes soprava no rosto, e chutavam o chão porque este lhes beijava os pés; e, mesmo assim, sempre atentos ao plano traçado. Então toquei o meu tamboril, e diante disso eles, como potros selvagens, ficaram de orelha em pé, arregalaram os olhos, inflaram as narinas como se pudessem sentir o cheiro da música. Então eu pus um tal feitiço em seus ouvidos que, como bezerrinhos desmamados, seguiram eles os meus mugidos de vaca, passando por urzes brancas cheias de pontas, tojos que pinicam e espinheiros que lhes fincavam as frágeis canelas. Por fim, larguei-os na poça de lodo que fica do outro lado de sua gruta, e lá ficaram eles dançando, lama até o pescoço, e a poça imunda consegue feder mais que o chulé deles.

Próspero – Muito bem pensado, meu passarinho. Conserve ainda a sua forma invisível. As bugigangas de minha casa, trajes e ornatos de efeito, traga-as para mim; servirão de sedutora isca para se pegar esses ladrões.

Ariel – Já estou indo, já estou indo.

[Sai.]

Próspero – Um demônio, um demônio de nascença, cuja natureza nenhum ensinamento consegue alterar; nele todos os meus esforços de tratá-lo com humanidade foram para nada: tudo perdido, tudo completamente perdido. E, à medida que envelhece, seu corpo torna-se mais feio, e sua mente se corrompe. Eu os atormentarei, a todos, até que estejam gritando, urrando, rugindo, uivando.

Entra Ariel, carregado de trajes cintilantes, etc.

Venha, pendure-os neste pé de tília.

Próspero e Ariel permanecem invisíveis.

Entram Caliban, Estéfano e Trínculo, os três molhados.

Caliban – Eu vos peço: passos leves, para que mesmo a toupeira cega não ouça nem uma só pisada. Agora estamos perto da gruta dele.

Estéfano – Monstro, esse teu espírito, que tu dizes ser um tipo de fada inofensiva, fez nada além de nos fazer de trouxas.

Trínculo – Monstro, eu sinto cheiro de mijo de cavalo em tudo, e isso faz o meu nariz ficar indignado ao máximo.

Estéfano – E o meu também. Estás ouvindo, monstro? Se eu ficar desgostoso contigo, olha, seu...

Trínculo – ...monstro, não vais passar de um monstro perdido para o mundo.

Caliban – Meu bom senhor, dai-me ainda o vosso favorecimento. Peço-vos paciência, pois o prêmio que vos entregarei vos fará fechar os olhos para esse incidente. Portanto, falai baixinho; tudo está quieto, como se já fosse meia-noite.

Trínculo – Sim, mas perder nossas garrafas naquela poça!

Estéfano – Não foi apenas uma desgraça e uma desonra, monstro, mas uma perda incalculável.

Trínculo – Para mim é muito pior do que estar

molhado; e, no entanto, monstro, essa é a tua fada inofensiva!

ESTÉFANO – Vou resgatar minha garrafa, ainda que para esse trabalho eu tenha de me atolar até as orelhas.

CALIBAN – Imploro-vos, meu Rei, sossegai. Podeis ver aqui, esta é a entrada para a gruta. Nem um pio agora. Podeis entrar. Perpetrai aquela boa maldade que poderá fazer desta Ilha propriedade vossa para sempre, e de mim, vosso Caliban, para todo o sempre, vosso lambedor, lambe-botas, lambe-cu.

ESTÉFANO – Dá-me tua mão. Começo a ter pensamentos sanguinários.

TRÍNCULO (*enxergando as roupas*) – Ó Rei Estêvão! Ó nobre inglês! Ó ilustríssimo Estêvão!* Olhe só que guarda-roupa tem aqui, para vós!

CALIBAN – Deixe estar, seu bobalhão, isso tudo aí não passa de lixo.

TRÍNCULO – Ora, monstro! Nós sabemos distinguir o que pertence e o que não pertence a uma loja de roupa barata e de segunda mão.

Ele tira um manto da árvore e veste-se com ele.

Ó Rei Estêvão!

ESTÉFANO – Tire esse manto, Trínculo. (*Estende o*

---

* Trínculo está se referindo a uma velha balada, que Iago canta em *Otelo* (segundo ato, cena III): "Ao rei Estêvão, nobre inglês ilustríssimo", etc. (N. da T.)

braço para pegar o manto.) Por minha mão, esse manto será meu.

TRÍNCULO – De Vossa Graça ele será.

CALIBAN – Que se afogue esse bobalhão em sua própria hidropisia! – Mas o que é que você está pensando, apaixonar-se assim por essas bugigangas? Largue disso aí, e primeiro execute o assassinato. Se ele acorda, do dedão do pé ao último fio de cabelo ele nos enche a pele de apertões, beliscões e mordidas, e nos transforma numa coisa medonha.

ESTÉFANO – Cala a boca, monstro. – Minha senhora, Dona Tília, não é este aqui o meu gibão? (*Retira-o da árvore.*) Enfio o gibão para dentro do cós, e, pela minha mão, ele agora está ao sul do Equador, e aqui encontra, este gibão, uns bagos! Quando de sífilis se perderem os pentelhos, teremos um colhão careca.

TRÍNCULO – Bravo! Bravo! Ao sul do Equador, nós roubamos com maestria: se isso for do gosto de Vossa Graça, roubamos no prumo e no nível.

ESTÉFANO – Sou-lhe grato por essa piada. Eis aqui um traje em troca.

Ele pega uma peça de roupa da árvore e entrega-a a Trínculo.

Um dito espirituoso jamais ficará sem recompensa enquanto eu for Rei neste país. "Roubar no prumo e no nível" é uma tirada de mestre.

Ele pega outra peça de roupa e entrega-a a Trínculo.

Pegue aí, mais uma roupa pelo dito.

Trínculo – Monstro, põe visco nos dedos e trata de ir pegando o resto.

Caliban – Eu não tenho nada a ver com isso. Estaremos perdendo nosso tempo, e seremos todos transformados em ridículos gansos dos mares, ou então em símios de testa diminuta e desprezível.

Estéfano – Monstro, põe para funcionar os teus dedos. Ajuda a levar isso até onde está minha barrica de vinho, ou te expulso de meu reino. Andando, vai, carrega isto aqui.

Trínculo – E isto aqui.

Estéfano – Sim, isso também.

Eles entregam a Caliban o resto das roupas. Ouve-se uma barulheira de caçadores. Entram espíritos diversos, na forma de mastins e cães farejadores, atiçados por Próspero e Ariel, no encalço de Estéfano, Trínculo e Caliban.

Próspero – Pega, Montanha, vai!

Ariel – Prateado! Por aqui, Prateado!

Próspero – Fúria, Fúria! Ali, Tirano, por ali! Acuando, acuando!

Caliban, Estéfano e Trínculo são corridos dali.

Vá e ordene aos meus gnomos que moam as juntas daqueles três até fazê-las ranger em espasmos, que lhes encurtem os tendões com as cãibras da velhice e que os deixem cheios de roxos de tanto beliscão, mais manchados que o leopardo ou algum outro felino selvagem.

Ariel – Ouça: eles estão urrando.

Próspero – Deixe-os serem caçados sem dó nem piedade. Neste instante tenho sob meu jugo todos os meus inimigos. Muito em breve todos os meus trabalhos terão terminado, e o éter será seu assim que você estiver em liberdade. Mais um pouquinho só, siga-me e sirva-me.

[Saem.]

QUINTO ATO

CENA I

Entra Próspero em suas vestes mágicas, e Ariel.

PRÓSPERO – Minha alquimia agora atinge seu ponto crítico. Não falham os meus experimentos, obedecem-me os meus espíritos, e o Tempo traz em sua carruagem o minuto exato. A quantas do dia estamos?

ARIEL – Aproximando-nos da sexta hora, quando então, meu amo e mestre, o senhor disse que nosso trabalho deveria cessar.

PRÓSPERO – Eu disse tal coisa quando levantei a tempestade. Diga, meu espírito, como vai o Rei, e seus acompanhantes?

ARIEL – Confinados, todos juntos, bem como o senhor ordenou, exatamente como o senhor os deixou; todos prisioneiros, mestre, no bosque de tílias que protege sua gruta do mau tempo. Não se podem mover até que o senhor lhes conceda a soltura. O Rei, o irmão do Rei, e o seu próprio irmão, senhor, continuam abstraídos da realidade, e os outros põem-se condoídos perante os três, cheios de pesar e assombro. Mas, principalmente àquele que o senhor chama de "meu velho e bom Lorde Gonçalo", correm-lhe as lágrimas na barba, como pingos de inverno em teto de sapê. O seu feitiço trabalha neles com tal força que, se o senhor agora os visse, amoleceria a sua irada disposição para a vingança.

Próspero – É isso o que você pensa, espírito?

Ariel – Amoleceria a mim, senhor, fosse eu humano.

Próspero – E amolecerá a mim. Pois se você, sendo tão-somente ar, ficou sensibilizado e comovido pelas aflições deles, como não irei eu, indivíduo da mesma espécie que elcs, que sei me alegrar e doer com tanta intensidade quanto eles ...como não irei eu, humanamente... me comover mais que você? Embora os altos crimes por eles perpetrados tenham me deixado em carne viva, ainda assim tomo o partido de minha razão, porquanto mais nobre, contra minha fúria. A ação mostra-se mais rara na virtude que na vingança. Em sendo eles penitentes, a única intenção de meu propósito agora pára de somar rugas à minha fronte. Vá, Ariel, liberte-os. Meus feitiços eu quebro, a sanidade a eles eu devolvo, e eles voltam a ser eles mesmos.

Ariel – Vou buscá-los, mestre.

[Sai.]

Próspero traça um círculo mágico.

Próspero – Vós, elfos das colinas, córregos, lagos parados e bosques, e vocês, que com suas passadas nas areias não deixam pegadas e perseguem o Netuno das marés baixas e dele fogem quando surge a maré montante; vós, duendes que à luz do luar fabricam círculos verdes e ácidos que as ovelhas não querem de pasto; e vós, cujo passatempo é fabricar cogumelos noturnos, vós, os que se enchem de prazer só de ouvir o sino solene anunciando o início da noite: com vossa ajuda (ainda que vós sejais fraquinhos em vossas mágicas) eclipsei o sol do meio-dia, convoquei os ventos amotinados e, entre os verdes mares e a abóbada azul-celeste, armei estrondosa guerra. Emprestei fogo ao trovão mais pavoroso e retumbante, e com seu raio parti ao meio o robusto e altivo carvalho de Júpiter. Sacudi nas bases o promontório mais sólido, e arranquei, raiz e tudo, os pinheiros e os cedros. Ao meu comando, sepulturas iam despertando os que nelas dormiam, abriam-se e, por minha poderosa Arte, deixavam-nos sair. Mas eu aqui e agora renuncio a essa mágica escabrosa; e quando eu tiver requisitado uma música celestial (o que faço neste instante) para ultimar o meu propósito sobre os sentidos desses homens, que para isso servem os sons encantatórios, quebro minha vara mágica, enterro-a em grande profundidade no solo e depois, tão fundo que nenhuma sonda possa dele captar o eco, afogarei o meu livro.

Música solene.

Aqui entra Ariel, na frente; depois entra Alonso, com gestos frenéticos, amparado por Gonçalo; Sebastião e Antônio também, amparados por Adriano e Francisco. Todos entram no círculo que Próspero traçou e ali ficam, enfeitiçados; Próspero, invisível, observa-os de fora do círculo e fala:

Que estas notas solenes, o melhor remédio para uma imaginação desvairada, curem o teu cérebro que, agora inútil, está te fervendo dentro do crânio. – Permaneçam em seus lugares, pois os senhores estão paralisados por um encantamento meu. – Santo Gonçalo, honorável cavalheiro, meus olhos, por simpatia à demonstração dos teus, deixam cair gotas amigas. – O feitiço dissipa-se logo, logo, e, assim como o alvorecer chega de mansinho, sem que o perceba a madrugada, e derrete a escuridão, também o juízo deles vai se elevar, dissolvendo as brumas de ignorância que lhes enevoam a lucidez. – Ah, meu bom Gonçalo, meu verdadeiro defensor, e cavalheiro leal para com aquele a quem tu segues, eu te pagarei pelo total de teus favores, com palavras e com atos oficiais. – Com máxima crueldade, Alonso, usaste a mim e à minha filha. Teu irmão foi um dos promotores da vilania. – Estás agora espicaçado por isso, Sebastião! – Mesma carne e sangue, você, meu próprio irmão, acolheu em si a ambição, expulsou remorsos e sentimentos naturais e, juntamente com Sebastião (cujo espicaçamento interior, portanto, é ainda mais violento), você teria aqui mesmo assassinado o seu Rei. Mas eu o perdôo, por mais desnaturado que você seja. – O discernimento deles começa a elevar-se, e a maré que se aproxima logo estará tomando conta dessa lúcida praia que agora apresenta-se imunda e coberta de lama. – Não há um dentre eles que me reconheça, embora estejam agora me enxergando. Ariel, traga-me de minha gruta o chapéu e a espada.

[Sai Ariel, e imediatamente retorna.]

Vou me desencapar, e me apresentarei eu, a minha pessoa, como antes, quando eu representava Milão. Rápido, espírito! Não tarda e você será livre.

Ariel canta, e ajuda Próspero a paramentar-se.

Ariel – Onde sugam as abelhas, sugo também;
Dentro de uma prímula, eu durmo bem.
As corujas piam, e eu no meu sossego;
À noite, vôo nas costas de um morcego
Sempre onde é verão, e eu todo feliz.
Todo feliz, bem feliz, viverei agora
Sob a flor que no galho se demora.

Próspero – Ora, se não é o meu gracioso Ariel! Vou sentir saudades, mas ainda assim você deve ter sua liberdade. – (*Ajeitando suas vestes*) – Isso, isso, isso. – Para o navio do Rei, invisível como você está; lá você vai encontrar os marinheiros dormindo abaixo do convés. Acorde o Capitão e o Contramestre e obrigue-os a vir até aqui, e faça isso de uma vez, eu lhe peço.

Ariel – Sorverei o ar à minha frente, e retorno antes de seu coração pulsar duas vezes.

Gonçalo – Todo e cada tormento, transtorno, milagre e maravilha aqui reside. Que nos conduza, algum tipo de poder celestial, a sair deste país tenebroso.

Próspero – Olhai, senhor meu Rei, sou eu, Próspero, o injustiçado Duque de Milão. Para dar-vos mais garantias de que é um príncipe vivo quem vos dirige a palavra, seguro o vosso corpo num abraço.

Abraça Alonso.

E a vós e a vossos companheiros apresento-vos calorosas boas-vindas.

Alonso – Quer tu sejas ele ou não, ou alguma aparição feita de magia para me maltratar, como de resto tenho sido maltratado nas últimas horas, isso eu não sei. Teu coração pulsa como se tu fosses de carne e sangue; e, dado que te vi, isso vem cicatrizar as aflições de minha mente, com as quais receio que me tenha aprisionado a loucura. Isso está a pedir, se é mesmo verdade, uma história muito estranha. Renuncio ao teu Ducado e rogo-te me perdoes por meus erros. Mas como pode Próspero estar vivo e estar aqui?

Próspero (*dirigindo-se a Gonçalo*) – Primeiro, meu nobre amigo, deixe-me abraçar seu corpo ancião; não se tem como medir nem confinar a sua honradez.

Abraça Gonçalo.

Gonçalo – Se isto agora é verdade ou não, fica sendo questão sobre a qual não faço nenhum juramento.

Próspero – O senhor ainda tem na boca o gosto do glacê dos logros desta Ilha, e isso não o deixa acreditar nas coisas com certeza. – Bem-vindos, meus amigos todos! (*À parte, dirigindo-se a Sebastião e Antônio*) – Quanto a vocês, minha parelha de lordes, fosse este o meu intento, eu faria o olhar de reprovação de Vossa Alteza cair sobre vocês, provando serem, os dois, traidores. Mas não é agora que vou contar histórias.

Sebastião (*à parte*) – O diabo fala de dentro dele!

Próspero – Não. Quanto a você, o mais perverso senhor que há, a quem chamar de irmão seria o mesmo que deixar infecta a minha boca, eu te perdôo por teu crime mais ordinário (todos eles) e reivindico de ti o meu Ducado, que, por força, eu sei, terás de me devolver.

Alonso – Se és Próspero, dá-nos os detalhes de como te salvaste, e de como nos encontraste aqui, a nós, que tem apenas três horas fomos lançados nesta praia, depois do naufrágio em que perdi (como dói essa lembrança) meu amado filho Ferdinando.

Próspero – Pesa em mim o vosso pesar, meu Rei.

Alonso – A perda é irreparável, e minha paciência me diz não haver cura para ela.

Próspero – Prefiro pensar que ainda não buscastes a ajuda da paciência, de cuja piedosa bênção e soberano auxílio usufruí eu para perda semelhante, e aqui estou, consolado.

Alonso – Perda semelhante, tu?

Próspero – Tão enorme quanto recente. E, para tornar suportável uma tão grave perda, disponho de meios bem mais fracos que os que Vossa Alteza pode requisitar para consolar-vos; perdi minha filha.

Alonso – Uma filha mulher? Ah, céus, pudessem eles estar vivos os dois em Nápoles, Rei e Rainha! Pudesse isso ser, e eu trocava de lugar com meu filho, e me deitaria eu onde ele está, coberto de lama em leito estofado de limo. Quando foi que perdeste tua filha?

Próspero – Nesta última tempestade. Posso perceber que esses lordes encontram-se tão pasmos perante este encontro que se devora neles o juízo, e mal conseguem eles pensar que seus olhos oferecem-lhes préstimos verdadeiros, que suas palavras estão sendo naturalmente pronunciadas. Contudo, seja lá de que modo vocês foram exilados de seus sentidos, saibam com toda a certeza que sou Próspero, aquele mesmo Duque que foi posto para fora de Milão e que, estranhamente, foi desembarcado nesta praia (esta mesma praia onde vocês naufragaram), para dela ser dono e senhor. Agora chega, pois essa é uma história que comporta o relato de seus acontecimentos um pouco a cada dia, e não é narrativa que se esgote num café da manhã, tampouco adequada a este nosso primeiro encontro. Bem-vindo, meu Rei: esta gruta é meu palácio. Aqui tenho poucos serviçais, e nenhum súdito fora daqui. Peço-vos, entrai e procedei a um exame. Por meu Ducado, uma vez que vós me o restituístes, eu vos retribuo com algo igualmente bom; no mínimo, apresento-vos milagrosa maravilha, que a vós vos contentará tanto quanto a mim me contenta reaver o meu Ducado.

Aqui, Próspero mostra Ferdinando e Miranda jogando xadrez.

Miranda – Meu doce senhor, você está trapaceando comigo.

Ferdinando – Não, meu amor querido, por nada deste mundo eu faria uma coisa dessas.

Miranda – Faria, sim: por duas dezenas de reinos você entraria numa disputa, e eu chamaria a isso de jogo limpo.

Alonso – Se isso vier a ser outra das visões desta Ilha, meu filho amado eu terei perdido duas vezes.

Sebastião – Um milagre e tanto!

Ferdinando (*enxerga Alonso e os outros*) – Embora os mares sejam uma ameaça, eles sabem ser piedosos. Contra eles praguejei sem motivo.

Ajoelha-se diante de Alonso.

Alonso – Que todas as bênçãos de um pai feliz possam te envolver. Levanta-te, e conta como vieste parar aqui.

Ferdinando ergue-se.

Miranda – Que maravilha! Quantas criaturas graciosas temos aqui! Como são belos os humanos! Que admirável mundo novo, onde tem dessas pessoas magníficas!

Próspero – Para ti, sim, ele é novo.

Alonso – Quem é a donzela com quem tu jogavas? Tua mais velha conhecida não pode ser de três horas atrás. É ela a deusa que nos separou para assim nos juntar?

Ferdinando – Meu pai, ela é mortal. Mas, pela providência imortal, ela é minha. Eu a escolhi quando não tinha como solicitar os conselhos de um pai (pensava não estar vivo o meu). Ela é filha deste famoso Duque de Milão, de quem tantas vezes ouvi falar, mas a quem eu jamais encontrara; de quem recebi uma segunda vida; e que, através desta dama, tornou-se um segundo pai para mim.

Alonso – E eu para ela. Mas, ah, como soará estranho, que eu deva pedir perdão a um filho meu!

Próspero – Nada disso, meu Rei, podeis parar agora mesmo. Não vamos sobrecarregar nossas lembranças com um peso que já não existe mais.

Gonçalo – Chorei intensamente em minha alma; do contrário, eu teria me pronunciado antes: dirigi vossos olhos aqui para baixo, ó deuses, e sobre este casal fazei descer uma coroa abençoada, pois sois vós aqueles que traçaram a giz o caminho que nos reuniu nesta Ilha.

Alonso – A isso eu digo amém, Gonçalo.

Gonçalo – Será que Milão foi obrigado a sair de Milão para que sua descendência viesse a trazer reis para Nápoles? Alegrai-vos com uma alegria além do comum, e celebrai-a em ouro puro, em eternos e monumentais pilares. Em uma viagem, Claribel encontrou seu marido, em Túnis; e Ferdinando, seu irmão, encontrou uma esposa onde ele mesmo estava perdido; Próspero reencontra seu Ducado em uma pobre Ilha; e nós todos reencontramos a nós mesmos quando nem mais éramos donos de nossas próprias vontades.

Alonso (*dirigindo-se a Ferdinando e Miranda*) – Dêem-me suas mãos. Que a tristeza e o pesar para sempre tomem conta do coração daquele que não lhes desejar felicidades!

Gonçalo – Que assim seja. Amém.

Entra Ariel; seguem-no o Capitão e o Contramestre, pasmados.

Olhai, meu Rei, olhai, senhor, temos aqui mais gente nossa! Bem que eu profetizei: se há morte por enforcamento em terra firme, esse camarada não vai morrer afogado. (*Dirigindo-se ao Contramestre*) – E agora, blasfêmia ambulante? Depois de esvaziar o navio das bênçãos divinas por tanto praguejar, nenhum insulto na praia? Perdes a língua quando estás longe das ondas? Quais são as novas?

Contramestre – A melhor novidade é termos encontrado sãos e salvos nosso Rei e seus companheiros; outra boa nova é o nosso navio, que demos por rachado ao meio há apenas três ampulhetas de hora: está inteiríssimo e pronto para zarpar e lindamente mastreado, como quando nos fizemos ao mar.

Ariel (*à parte, dirigindo-se a Próspero*) – Meu senhor, tudo isso foi serviço meu, desde depois que conversamos.

Próspero (*à parte, para Ariel*) – Esse é o meu espírito: esperto!

Alonso – Esses não são eventos naturais; eles ganham em força, e vão de estranhos a mais estranhos ainda. Agora, fala: como foi que chegaste até aqui?

Contramestre – Se eu pensasse, meu Rei, que estava acordado e bem desperto, eu me esforçaria em contar-vos. Estávamos todos caídos no sono, e (como, não se sabe) todos confinados abaixo do convés, onde ainda agora há pouquinho, com barulhos, muitos e estranhos, de berros, urros, guinchos e uivos, correntes sendo arrastadas e toda espécie de sons, todos horríveis, fomos acordados, direto para a liberdade, onde nós, na maior elegância, olhávamos com novo olhar o nosso navio real, robusto e monumental. Nosso Capitão, ao vê-lo assim, chegava a dançar de alegria. No instante seguinte, e com vossa licença digo que era como se estivéssemos num sonho, fomos separados dos outros e trazidos para cá, abobalhados.

Ariel (*à parte, dirigindo-se a Próspero*) – Ficou bem-feito?

Próspero (*à parte, dirigindo-se a Ariel*) – Muito bem-feito, diligente espírito meu. Você terá sua liberdade.

Alonso – Jamais homem algum trilhou labirinto tão estranho, e nesta situação toda temos mais do que a Natureza poderia dirigir. O nosso conhecimento das coisas precisa ser retificado por algum oráculo.

Próspero – Senhor meu soberano, não infesteis vossa mente batendo e insistindo em bater nessa tecla que é o estranho da situação. Numa outra hora, a combinar, o que vai se dar em breve, nós dois sozinhos, e sem sermos interrompidos, eu vos explicarei aquilo que para vós parecerá então provável: todos estes acidentes ocorridos. Mas, até lá, alegrai-vos e pensai bem de cada imprevisto. (*À parte, dirigindo-se a Ariel*) – Venha cá, espírito. Liberte Caliban e seus companheiros; desfaça o encantamento.

[*Sai Ariel.*]

Como vai o meu bondoso Rei? Ainda faltam alguns de vossa comitiva, um que outro rapaz extravagante de quem Vossa Alteza não recorda.

Entra Ariel, trazendo Caliban, Estéfano e Trínculo, vestindo os trajes que roubaram.

Estéfano – Que cada homem trate apenas de ajudar os outros, e que não se tenha ninguém cuidando de si mesmo, porque tudo na vida é uma questão de sorte. *Coraggio*, monstro galante, *coraggio!*

Trínculo – Se sabem espiar bem estes dois que uso na cara, aqui temos uma bela visão.

Caliban – Ó Sétebos, é mesmo: esses aí são espíritos esplêndidos! Como está elegante o meu Mestre! Acho que ele vai me punir.

Sebastião – He, he! O que são essas coisas, meu Lorde Antônio? Será que eles têm um preço?

Antônio – Muito provavelmente. Um deles é um simples peixe, sem dúvida comerciável.

Próspero – Observai as insígnias das casas a que servem esses homens, senhores meus lordes, e depois dizei-me se são legítimas. Este vagabundo disforme é um tratante; sua mãe era uma bruxa, tão poderosa que conseguia controlar a Lua, e fazer a maré cheia, e fazer a maré baixa, e atuar como se a Lua fosse, extrapolando seus poderes. Esses três me roubaram, e este semidemônio (filho bastardo do diabo) tramou com os outros dois tirar-me a vida. Dois desses três devem ser vossos conhecidos, e de vossa propriedade. Esta coisa escura eu reconheço ser meu.

Caliban – Serei torturado até a morte!

Alonso – E esse não é Estéfano bêbado, o encarregado de meus vinhos?

Sebastião – Bêbado mesmo! Onde foi que ele arranjou vinho?

Alonso – E Trínculo vem trocando as pernas. Onde encontraram eles esse elixir dos deuses que os põe assim rosados? – Em que águas te afogaste?

Trínculo – Nas águas em que me afoguei me vejo eu desde que vi Vossa Alteza pela última vez e vejo agora que me vejo nessas águas até os ossos. Por isso vejo que não me visitam as varejeiras.

Sebastião – Ora, Estéfano, e você, como está?

Estéfano – Ah, não me toque; não sou Estéfano, sou uma dor de barriga.

Próspero – E o senhor seria o Rei desta Ilha, milorde?

Estéfano – Só se fosse para governar minhas cagadas.

Alonso (*indicando Caliban*) – Essa é a coisa mais estranha que meus olhos já viram.

Próspero – Ele é tão desproporcional em seu modo de ser quanto em sua forma. – Anda, milorde, vai até minha gruta; leva contigo teus amigos. Como queres o meu perdão, trata de deixá-la lindamente arrumada.

Caliban – Sim, farei isso; e serei sábio daqui em diante, e buscarei ser perdoado e cair em suas boas graças, senhor. Três vezes duas fiz de mim mesmo um idiota, pensando ser este bêbado um deus, e adorando este rematado bobo!

Próspero – Vai de uma vez, embora daqui.

Alonso (*dirigindo-se a Estéfano e Trínculo*) – Fora daqui, e devolvam essas vestes ao lugar onde as encontraram.

Sebastião – De onde as roubaram, melhor dizendo.

Saem Caliban, Estéfano e Trínculo.

Próspero – Senhor, convido Vossa Alteza e vosso séquito até minha pobre gruta, onde vós descansareis por esta noite, uma parte da qual usarei com relatos tais que sem dúvida farão a noite passar depressa. Contarei a história de minha vida, e os particulares incidentes que se sucederam desde que vim para esta Ilha. Então, pela manhã, eu vos acompanharei até vosso navio e até Nápoles, onde espero testemunhar a celebração solene das bodas de nossos bem-amados filhos, depois do que retiro-me para Milão, onde, de cada três pensamentos meus, um será para minha sepultura.

Alonso – Muito desejo eu escutar a história de tua vida, que deve ser cativante aos ouvidos.

Próspero – Farei um relato completo, e vos prometo águas tranqüilas e auspiciosos ventos e viagem tão ligeira que alcançaremos vossa esquadra real mais adiante. – Ariel, meu passarinho, isso fica a teu encargo. Depois, liberte-se para os elementos da Natureza, e boa sorte. – Por favor, senhores, podem ir se chegando.

[*Saem todos.*]

EPÍLOGO

PRÓSPERO –

Agora meus feitiços estão todos terminados;
Agora é por meu mérito se tenho algum poder
Que não é grande coisa, pois eu devo lhes dizer:
Preciso ficar aqui, pelos senhores confinado,

Ou parto para Nápoles. Mas, peço, não me deixem
Ficar nesta ilha nua, por vocês enfeitiçado,
Se já recuperei, de meu irmão, o meu Ducado,
Se já lhe perdoei, o usurpador; então libertem-me,

Libertem-me de minha atroz prisão ainda agora,
Com palmas, com aplauso, com as mãos tão generosas
E as cálidas palavras que das bocas vão soprar e
Meus planos vão frustrar ou minhas velas enfunar;

Tentei, sim, agradar. Os meus espíritos escravos
Agora já me faltam, e os encantos de minha Arte;
Sem eles, o meu fim é o desespero, é precisar
Das preces dos senhores: elas sabem atacar

Com sensibilidade penetrante a Compaixão
Divina, perdoando toda falha e omissão.

Assim como vocês obtêm perdão por seus
pecados,
Eu posso, com as suas indulgências, ser
libertado.

[Sai.]

Coleção **L&PM** POCKET (Lançamentos mais recentes)

195.**Besame Mucho** – Mário Prata
196.**Tuareg** – Alberto Vázquez-Figueroa
197.**O longo adeus** – Raymond Chandler
199.**Notas de um velho safado** – C. Bukowski
200.**111 ais** – Dalton Trevisan
201.**O nariz** – Nicolai Gogol
202.**O capote** – Nicolai Gogol
203.**Macbeth** – William Shakespeare
204.**Heráclito** – Donaldo Schüler
205.**Você deve desistir, Osvaldo** – Cyro Martins
206.**Memórias de Garibaldi** – A. Dumas
207.**A arte da guerra** – Sun Tzu
208.**Fragmentos** – Caio Fernando Abreu
209.**Festa no castelo** – Moacyr Scliar
210.**O grande deflorador** – Dalton Trevisan
212.**Homem do princípio ao fim** – Millôr Fernandes
213.**Aline e seus dois namorados** – A. Iturrusgarai
214.**A juba do leão** – Sir Arthur Conan Doyle
215.**Assassino metido a esperto** – R. Chandler
216.**Confissões de um comedor de ópio** – T. De Quincey
217.**Os sofrimentos do jovem Werther** – Goethe
218.**Fedra** – Racine / Trad. Millôr Fernandes
219.**O vampiro de Sussex** – Conan Doyle
220.**Sonho de uma noite de verão** – Shakespeare
221.**Dias e noites de amor e de guerra** – Galeano
222.**O Profeta** – Khalil Gibran
223.**Flávia, cabeça, tronco e membros** – M. Fernandes
224.**Guia da ópera** – Jeanne Suhamy
225.**Macário** – Álvares de Azevedo
226.**Etiqueta na prática** – Celia Ribeiro
227.**Manifesto do partido comunista** – Marx & Engels
228.**Poemas** – Millôr Fernandes
229.**Um inimigo do povo** – Henrik Ibsen
230.**O paraíso destruído** – Frei B. de las Casas
231.**O gato no escuro** – Josué Guimarães
232.**O mágico de Oz** – L. Frank Baum
233.**Armas no Cyrano's** – Raymond Chandler
234.**Max e os felinos** – Moacyr Scliar
235.**Nos céus de Paris** – Alcy Cheuiche
236.**Os bandoleiros** – Schiller
237.**A primeira coisa que eu botei na boca** – Deonísio da Silva
238.**As aventuras de Simbad, o marújo**
239.**O retrato de Dorian Gray** – Oscar Wilde
240.**A carteira de meu tio** – J. Manuel de Macedo
241.**A luneta mágica** – J. Manuel de Macedo
242.**A metamorfose** – Kafka
243.**A flecha de ouro** – Joseph Conrad
244.**A ilha do tesouro** – R. L. Stevenson
245.**Marx - Vida & Obra** – José A. Giannotti
246.**Gênesis**
247.**Unidos para sempre** – Ruth Rendell
248.**A arte de amar** – Ovídio
249.**O sono eterno** – Raymond Chandler
250.**Novas receitas do Anonymus Gourmet** – J.A.P.M.
251.**A nova catacumba** – Arthur Conan Doyle
252.**O dr. Negro** – Arthur Conan Doyle
253.**Os voluntários** – Moacyr Scliar
254.**A bela adormecida** – Irmãos Grimm
255.**O príncipe sapo** – Irmãos Grimm
256.**Confissões** *e* **Memórias** – H. Heine
257.**Viva o Alegrete** – Sergio Faraco
258.**Vou estar esperando** – R. Chandler
259.**A senhora Beate e seu filho** – Schnitzler
260.**O ovo apunhalado** – Caio Fernando Abreu
261.**O ciclo das águas** – Moacyr Scliar
262.**Millôr Definitivo** – Millôr Fernandes
264.**Viagem ao centro da Terra** – Júlio Verne
265.**A dama do lago** – Raymond Chandler
266.**Caninos brancos** – Jack London
267.**O médico e o monstro** – R. L. Stevenson
268.**A tempestade** – William Shakespeare
269.**Assassinatos na rua Morgue** – E. Allan Poe
270.**99 corruíras nanicas** – Dalton Trevisan
271.**Broquéis** – Cruz e Sousa
272.**Mês de cães danados** – Moacyr Scliar
273.**Anarquistas – vol. 1 – A idéia** – G. Woodcock
274.**Anarquistas – vol. 2 – O movimento** – G. Woodcock
275.**Pai e filho, filho e pai** – Moacyr Scliar
276.**As aventuras de Tom Sawyer** – Mark Twain
277.**Muito barulho por nada** – W. Shakespeare
278.**Elogio da loucura** – Erasmo
279.**Autobiografia de Alice B. Toklas** – G. Stein
280.**O chamado da floresta** – J. London
281.**Uma agulha para o diabo** – Ruth Rendell
282.**Verdes vales do fim do mundo** – A. Bivar
283.**Ovelhas negras** – Caio Fernando Abreu
284.**O fantasma de Canterville** – O. Wilde
285.**Receitas de Yayá Ribeiro** – Celia Ribeiro
286.**A galinha degolada** – H. Quiroga
287.**O último adeus de Sherlock Holmes** – A. Conan Doyle
288.**A. Gourmet** ***em*** **Histórias de cama & mesa** – J. A. Pinheiro Machado
289.**Topless** – Martha Medeiros
290.**Mais receitas do Anonymus Gourmet** – J. A. Pinheiro Machado
291.**Origens do discurso democrático** – D. Schüler
292.**Humor politicamente incorreto** – Nani
293.**O teatro do bem e do mal** – E. Galeano
294.**Garibaldi & Manoela** – J. Guimarães
295.**10 dias que abalaram o mundo** – John Reed
296.**Numa fria** – Charles Bukowski
297.**Poesia de Florbela Espanca** vol. 1
298.**Poesia de Florbela Espanca** vol. 2
299.**Escreva certo** – E. Oliveira e M. E. Bernd
300.**O vermelho e o negro** – Stendhal
301.**Ecce homo** – Friedrich Nietzsche
302(7).**Comer bem, sem culpa** – Dr. Fernando Lucchese, A. Gourmet e Iotti
303.**O livro de Cesário Verde** – Cesário Verde
305.**100 receitas de macarrão** – S. Lancellotti
306.**160 receitas de molhos** – S. Lancellotti
307.**100 receitas light** – H. e Â. Tonetto
308.**100 receitas de sobremesas** – Celia Ribeiro
309.**Mais de 100 dicas de churrasco** – Leon Diziekaniak
310.**100 receitas de acompanhamentos** – C. Cabeda
311.**Honra ou vendetta** – S. Lancellotti

312.**A alma do homem sob o socialismo** – Oscar Wilde
313.**Tudo sobre Yôga** – Mestre De Rose
314.**Os varões assinalados** – Tabajara Ruas
315.**Édipo em Colono** – Sófocles
316.**Lisístrata** – Aristófanes / trad. Millôr
317.**Sonhos de Bunker Hill** – John Fante
318.**Os deuses de Raquel** – Moacyr Scliar
319.**O colosso de Marússia** – Henry Miller
320.**As eruditas** – Molière / trad. Millôr
321.**Radicci 1** – Iotti
322.**Os Sete contra Tebas** – Ésquilo
323.**Brasil Terra à vista** – Eduardo Bueno
324.**Radicci 2** – Iotti
325.**Júlio César** – William Shakespeare
326.**A carta de Pero Vaz de Caminha**
327.**Cozinha Clássica** – Sílvio Lancellotti
328.**Madame Bovary** – Gustave Flaubert
329.**Dicionário do viajante insólito** – M. Scliar
330.**O capitão saiu para o almoço...** – Bukowski
331.**A carta roubada** – Edgar Allan Poe
332.**É tarde para saber** – Josué Guimarães
333.**O livro de bolso da Astrologia** – Maggy Harrisonx e Mellina Li
334.**1933 foi um ano ruim** – John Fante
335.**100 receitas de arroz** – Aninha Comas
336.**Guia prático do Português correto – vol. 1** – Cláudio Moreno
337.**Bartleby, o escriturário** – H. Melville
338.**Enterrem meu coração na curva do rio** – Dee Brown
339.**Um conto de Natal** – Charles Dickens
340.**Cozinha sem segredos** – J. A. P. Machado
341.**A dama das Camélias** – A. Dumas Filho
342.**Alimentação saudável** – H. e Â. Tonetto
343.**Continhos galantes** – Dalton Trevisan
344.**A Divina Comédia** – Dante Alighieri
345.**A Dupla Sertanojo** – Santiago
346.**Cavalos do amanhecer** – Mario Arregui
347.**Biografia de Vincent van Gogh por sua cunhada** – Jo van Gogh-Bonger
348.**Radicci 3** – Iotti
349.**Nada de novo no front** – E. M. Remarque
350.**A hora dos assassinos** – Henry Miller
351.**Flush - Memórias de um cão** – Virginia Woolf
352.**A guerra no Bom Fim** – M. Scliar
353(1).**O caso Saint-Fiacre** – Simenon
354(2).**Morte na alta sociedade** – Simenon
355(3).**O cão amarelo** – Simenon
356(4).**Maigret e o homem do banco** – Simenon
357.**As uvas e o vento** – Pablo Neruda
358.**On the road** – Jack Kerouac
359.**O coração amarelo** – Pablo Neruda
360.**Livro das perguntas** – Pablo Neruda
361.**Noite de Reis** – William Shakespeare
362.**Manual de Ecologia** – vol.1 – J. Lutzenberger
363.**O mais longo dos dias** – Cornelius Ryan
364.**Foi bom prá você?** – Nani
365.**Crepusculário** – Pablo Neruda
366.**A comédia dos erros** – Shakespeare
367(5).**A primeira investigação de Maigret** – Simenon
368(6).**As férias de Maigret** – Simenon
369.**Mate-me por favor (vol.1)** – L. McNeil
370.**Mate-me por favor (vol.2)** – L. McNeil
371.**Carta ao pai** – Kafka
372.**Os vagabundos iluminados** – J. Kerouac
373(7).**O enforcado** – Simenon
374(8).**A fúria de Maigret** – Simenon
375.**Vargas, uma biografia política** – H. Silva
376.**Poesia reunida (vol.1)** – A. R. de Sant'Anna
377.**Poesia reunida (vol.2)** – A. R. de Sant'Anna
378.**Alice no país do espelho** – Lewis Carroll
379.**Residência na Terra 1** – Pablo Neruda
380.**Residência na Terra 2** – Pablo Neruda
381.**Terceira Residência** – Pablo Neruda
382.**O delírio amoroso** – Bocage
383.**Futebol ao sol e à sombra** – E. Galeano
384(9).**O porto das brumas** – Simenon
385(10).**Maigret e seu morto** – Simenon
386.**Radicci 4** – Iotti
387.**Boas maneiras & sucesso nos negócios** – Celia Ribeiro
388.**Uma história Farroupilha** – M. Scliar
389.**Na mesa ninguém envelhece** – J. A. P. Machado
390.**200 receitas inéditas do Anonymus Gourmet** – J. A. Pinheiro Machado
391.**Guia prático do Português correto – vol.2** – Cláudio Moreno
392.**Breviário das terras do Brasil** – Assis Brasil
393.**Cantos Cerimoniais** – Pablo Neruda
394.**Jardim de Inverno** – Pablo Neruda
395.**Antonio e Cleópatra** – William Shakespeare
396.**Tróia** – Cláudio Moreno
397.**Meu tio matou um cara** – Jorge Furtado
398.**O anatomista** – Federico Andahazi
399.**As viagens de Gulliver** – Jonathan Swift
400.**Dom Quixote – v.1** – Miguel de Cervantes
401.**Dom Quixote – v.2** – Miguel de Cervantes
402.**Sozinho no Pólo Norte** – Thomaz Brandolin
403.**Matadouro 5** – Kurt Vonnegut
404.**Delta de Vênus** – Anaïs Nin
405.**O melhor de Hagar 2** – Dik Browne
406.**É grave Doutor?** – Nani
407.**Orai pornô** – Nani
408(11).**Maigret em Nova York** – Simenon
409(12).**O assassino sem rosto** – Simenon
410(13).**O mistério das jóias roubadas** – Simenon
411.**A irmãzinha** – Raymond Chandler
412.**Três contos** – Gustave Flaubert
413.**De ratos e homens** – John Steinbeck
414.**Lazarilho de Tormes** – Anônimo do séc. XVI
415.**Triângulo das águas** – Caio Fernando Abreu
416.**100 receitas de carnes** – Sílvio Lancellotti
417.**Histórias de robôs: vol.1** – org. Isaac Asimov
418.**Histórias de robôs: vol.2** – org. Isaac Asimov
419.**Histórias de robôs: vol.3** – org. Isaac Asimov
420.**O país dos centauros** – Tabajara Ruas
421.**A república de Anita** – Tabajara Ruas
422.**A carga dos lanceiros** – Tabajara Ruas
423.**Um amigo de Kafka** – Isaac Singer
424.**As alegres matronas de Windsor** – Shakespeare
425.**Amor e exílio** – Isaac Bashevis Singer
426.**Use & abuse do seu signo** – Marília Fiorillo e Marylou Simonsen
427.**Pigmaleão** – Bernard Shaw

428.**As fenícias** – Eurípides
429.**Everest** – Thomaz Brandolin
430.**A arte de furtar** – Anônimo do séc. XVI
431.**Billy Bud** – Herman Melville
432.**A rosa separada** – Pablo Neruda
433.**Elegia** – Pablo Neruda
434.**A garota de Cassidy** – David Goodis
435.**Como fazer a guerra: máximas de Napoleão** – Balzac
436.**Poemas escolhidos** – Emily Dickinson
437.**Gracias por el fuego** – Mario Benedetti
438.**O sofá** – Crébillon Fils
439.**O "Martín Fierro"** – Jorge Luis Borges
440.**Trabalhos de amor perdidos** – W. Shakespeare
441.**O melhor de Hagar 3** – Dik Browne
442.**Os Maias (volume1)** – Eça de Queiroz
443.**Os Maias (volume2)** – Eça de Queiroz
444.**Anti-Justine** – Restif de La Bretonne
445.**Juventude** – Joseph Conrad
446.**Contos** – Eça de Queiroz
447.**Janela para a morte** – Raymond Chandler
448.**Um amor de Swann** – Marcel Proust
449.**À paz perpétua** – Immanuel Kant
450.**A conquista do México** – Hernan Cortez
451.**Defeitos escolhidos e 2000** – Pablo Neruda
452.**O casamento do céu e do inferno** – William Blake
453.**A primeira viagem ao redor do mundo** – Antonio Pigafetta
454(14).**Uma sombra na janela** – Simenon
455(15).**A noite da encruzilhada** – Simenon
456(16).**A velha senhora** – Simenon
457.**Sartre** – Annie Cohen-Solal
458.**Discurso do método** – René Descartes
459.**Garfield em grande forma** – Jim Davis
460.**Garfield está de dieta** – Jim Davis
461.**O livro das feras** – Patricia Highsmith
462.**Viajante solitário** – Jack Kerouac
463.**Auto da barca do inferno** – Gil Vicente
464.**O livro vermelho dos pensamentos de Millôr** – Millôr Fernandes
465.**O livro dos abraços** – Eduardo Galeano
466.**Voltaremos!** – José Antonio Pinheiro Machado
467.**Rango** – Edgar Vasques
468(8).**Dieta mediterrânea** – Dr. Fernando Lucchese e José Antonio Pinheiro Machado
469.**Radicci 5** – Iotti
470.**Pequenos pássaros** – Anaïs Nin
471.**Guia prático do Português correto – vol.3** – Cláudio Moreno
472.**Atire no pianista** – David Goodis
473.**Antologia Poética** – García Lorca
474.**Alexandre e César** – Plutarco
475.**Uma espiã na casa do amor** – Anaïs Nin
476.**A gorda do Tiki Bar** – Dalton Trevisan
477.**Garfield um gato de peso** – Jim Davis
478.**Canibais** – David Coimbra
479.**A arte de escrever** – Arthur Schopenhauer
480.**Pinóquio** – Carlo Collodi
481.**Misto-quente** – Charles Bukowski
482.**A lua na sarjeta** – David Goodis
483.**O melhor do Recruta Zero (1)** – Mort Walker
484.**Aline 2** – Adão Iturrusgarai
485.**Sermões do Padre Antonio Vieira**
486.**Garfield numa boa** – Jim Davis
487.**Mensagem** – Fernando Pessoa
488.**Vendeta** ***seguido de*** **A paz conjugal** – Balzac
489.**Poemas de Alberto Caeiro** – Fernando Pessoa
490.**Ferragus** – Honoré de Balzac
491.**A duquesa de Langeais** – Honoré de Balzac
492.**A menina dos olhos de ouro** – Honoré de Balzac
493.**O lírio do vale** – Honoré de Balzac
494(17).**A barcaça da morte** – Simenon
495(18).**As testemunhas rebeldes** – Simenon
496(19).**Um engano de Maigret** – Simenon
497(1).**A noite das bruxas** – Agatha Christie
498(2).**Um passe de mágica** – Agatha Christie
499(3).**Nêmesis** – Agatha Christie
500.**Esboço para uma teoria das emoções** – Sartre
501.**Renda básica de cidadania** – Eduardo Suplicy
502(1).**Pílulas para viver melhor** – Dr. Lucchese
503(2).**Pílulas para prolongar a juventude** – Dr. Lucchese
504(3).**Desembarcando o Diabetes** – Dr. Lucchese
505(4).**Desembarcando o Sedentarismo** – Dr. Fernando Lucchese e Cláudio Castro
506(5).**Desembarcando a Hipertensão** – Dr. Lucchese
507(6).**Desembarcando o Colesterol** – Dr. Fernando Lucchese e Fernanda Lucchese
508.**Estudos de mulher** – Balzac
509.**O terceiro tira** – Flann O'Brien
510.**100 receitas de aves e ovos** – J. A. P. Machado
511.**Garfield em toneladas de diversão** – Jim Davis
512.**Trem-bala** – Martha Medeiros
513.**Os cães ladram** – Truman Capote
514.**O Kama Sutra de Vatsyayana**
515.**O crime do Padre Amaro** – Eça de Queiroz
516.**Odes de Ricardo Reis** – Fernando Pessoa
517.**O inverno da nossa desesperança** – Steinbeck
518.**Piratas do Tietê (1)** – Laerte
519.**Rê Bordosa: do começo ao fim** – Angeli
520.**O Harlem é escuro** – Chester Himes
521.**Café-da-manhã dos campeões** – Kurt Vonnegut
522.**Eugénie Grandet** – Balzac
523.**O último magnata** – F. Scott Fitzgerald
524.**Carol** – Patricia Highsmith
525.**100 receitas de patisseria** – Sílvio Lancellotti
526.**O fator humano** – Graham Greene
527.**Tristessa** – Jack Kerouac
528.**O diamante do tamanho do Ritz** – S. Fitzgerald
529.**As melhores histórias de Sherlock Holmes** – Arthur Conan Doyle
530.**Cartas a um jovem poeta** – Rilke
531(20).**Memórias de Maigret** – Simenon
532(4).**O misterioso sr. Quin** – Agatha Christie
533.**Os analectos** – Confúcio
534(21).**Maigret e os homens de bem** – Simenon
535(22).**O medo de Maigret** – Simenon
536.**Ascensão e queda de César Birotteau** – Balzac
537.**Sexta-feira negra** – David Goodis
538.**Ora bolas – O humor cotidiano de Mario Quintana** – Juarez Fonseca
539.**Longe daqui aqui mesmo** – Antonio Bivar

540(5).**É fácil matar** – Agatha Christie
541.**O pai Goriot** – Balzac
542.**Brasil, um país do futuro** – Stefan Zweig
543.**O processo** – Kafka
544.**O melhor de Hagar 4** – Dik Browne
545(6).**Por que não pediram a Evans?** – Agatha Christie
546.**Fanny Hill** – John Cleland
547.**O gato por dentro** – William S. Burroughs
548.**Sobre a brevidade da vida** – Sêneca
549.**Geraldão (1)** – Glauco
550.**Piratas do Tietê (2)** – Laerte
551.**Pagando o pato** – Ciça
552.**Garfield de bom humor** – Jim Davis
553.**Conhece o Mário?** – Santiago
554.**Radicci 6** – Iotti
555.**Os subterrâneos** – Jack Kerouac
556(1).**Balzac** – François Taillandier
557(2).**Modigliani** – Christian Parisot
558(3).**Kafka** – Gérard-Georges Lemaire
559(4).**Júlio César** – Joël Schmidt
560.**Receitas da família** – J. A. Pinheiro Machado
561.**Boas maneiras à mesa** – Celia Ribeiro
562(9).**Filhos sadios, pais felizes** – R. Pagnoncelli
563(10).**Fatos & mitos** – Dr. Fernando Lucchese
564.**Ménage à trois** – Paula Taitelbaum
565.**Mulheres!** – David Coimbra
566.**Poemas de Álvaro de Campos** – Fernando Pessoa
567.**Medo e outras histórias** – Stefan Zweig
568.**Snoopy e sua turma (1)** – Schulz
569.**Piadas para sempre (1)** – Visconde da Casa Verde
570.**O alvo móvel** – Ross Macdonald
571.**O melhor do Recruta Zero (2)** – Mort Walker
572.**Um sonho americano** – Norman Mailer
573.**Os broncos também amam** – Angeli
574.**Crônica de um amor louco** – Bukowski
575(5).**Freud** – René Major e Chantal Talagrand
576(6).**Picasso** – Gilles Plazy
577(7).**Gandhi** – Christine Jordis
578.**A tumba** – H. P. Lovecraft
579.**O príncipe e o mendigo** – Mark Twain
580.**Garfield, um charme de gato** – Jim Davis
581.**Ilusões perdidas** – Balzac
582.**Esplendores e misérias das cortesãs** – Balzac
583.**Walter Ego** – Angeli
584.**Striptiras (1)** – Laerte
585.**Fagundes: um puxa-saco de mão cheia** – Laerte
586.**Depois do último trem** – Josué Guimarães
587.**Ricardo III** – Shakespeare
588.**Dona Anja** – Josué Guimarães
589.**24 horas na vida de uma mulher** – Stefan Zweig
590.**O terceiro homem** – Graham Greene
591.**Mulher no escuro** – Dashiell Hammett
592.**No que acredito** – Bertrand Russell
593.**Odisséia (1): Telemaquia** – Homero
594.**O cavalo cego** – Josué Guimarães
595.**Henrique V** – Shakespeare
596.**Fabulário geral do delírio cotidiano** – Bukowski
597.**Tiros na noite 1: A mulher do bandido** – Dashiell Hammett
598.**Snoopy em Feliz Dia dos Namorados (2)** – Schulz
599.**Mas não se matam cavalos?** – Horace McCoy
600.**Crime e castigo** – Dostoiévski
601(7).**Mistério no Caribe** – Agatha Christie
602.**Odisséia (2): Regresso** – Homero
603.**Piadas para sempre (2)** – Visconde da Casa Verde
604.**À sombra do vulcão** – Malcolm Lowry
605(8).**Kerouac** – Yves Buin
606.**E agora são cinzas** – Angeli
607.**As mil e uma noites** – Paulo Caruso
608.**Um assassino entre nós** – Ruth Rendell
609.**Crack-up** – F. Scott Fitzgerald
610.**Do amor** – Stendhal
611.**Cartas do Yage** – William Burroughs e Allen Ginsberg
612.**Striptiras (2)** – Laerte
613.**Henry & June** – Anaïs Nin
614.**A piscina mortal** – Ross Macdonald
615.**Geraldão (2)** – Glauco
616.**Tempo de delicadeza** – A. R. de Sant'Anna
617.**Tiros na noite 2: Medo de tiro** – Dashiell Hammett
618.**Snoopy em Assim é a vida, Charlie Brown! (3)** – Schulz
619.**1954 – Um tiro no coração** – Hélio Silva
620.**Sobre a inspiração poética (Íon) e ...** – Platão
621.**Garfield e seus amigos** – Jim Davis
622.**Odisséia (3): Ítaca** – Homero
623.**A louca matança** – Chester Himes
624.**Factótum** – Charles Bukowski
625.**Guerra e Paz: volume 1** – Tolstói
626.**Guerra e Paz: volume 2** – Tolstói
627.**Guerra e Paz: volume 3** – Tolstói
628.**Guerra e Paz: volume 4** – Tolstói
629(9).**Shakespeare** – Claude Mourthé
630.**Bem está o que bem acaba** – Shakespeare
631.**O contrato social** – Rousseau
632.**Geração Beat** – Jack Kerouac
633.**Snoopy: É Natal! (4)** – Charles Schulz
634.**Testemunha da acusação e outras peças** – Agatha Christie
635.**Um elefante no caos** – Millôr Fernandes
636.**Guia de leitura (100 autores que você precisa ler)** – Organização de Léa Masina
637.**Pistoleiros também mandam flores** – David Coimbra
638.**O prazer das palavras – vol. 1** – Cláudio Moreno
639.**O prazer das palavras – vol. 2** – Cláudio Moreno
640.**Novíssimo testamento: Deus e o diabo, a dupla da criação** – Iotti
641.**Literatura Brasileira: modos de usar** – Luís Augusto Fischer
642.**Dicionário de Porto-Alegrês** – Luís A. Fischer
643.**Clô, dias e noites** – Sérgio Jockymann
644.**Memorial de Isla Negra** – Pablo Neruda
645.**Um homem extraordinário e outras histórias** – Tchekhov
646.**Ana sem terra** – Alcy Cheuiche
647.**Adultérios** – Woody Allen
648.**Playback** – Raymond Chandler
649.**Nosso homem em Havana** – Graham Greene
650.**Dicionário Caldas Aulete de Bolso**

IMPRESSÃO:

GRÁFICA EDITORA
Pallotti
IMAGEM DE QUALIDADE

Santa Maria - RS - Fone/Fax: (55) 3220.4500
www.pallotti.com.br